創意作文批改範例

林瑞景◎著

目錄

批改範例

2 創意作文批改範例

3 創意作文批改範例

4 創意作文批改範例

5 創意作文批改範例

陳序

陳滿銘

學生在作文之前，做老師的，總會或多或地在審題、主意、運材、佈局及措辭上，給予必要的指引。這樣，當然可減少學生的一些偏失，但不可能使每個學生的作文全合於完美的要求。因此，在作文之後，作適當的批改，以求補救，是不可少的。

要做到適當的批改，必須守住幾個原則：首先是保留原作的旨意，其次是儘量貼近學生的程度，再其次是多作積極的指導、少作消極的批評，最後是須作必要的眉批與總批。守住了這幾個原則，然後針對文字書寫錯誤、詞語使用失當、章句經營無方、陶鍊工夫拙劣、格調氣味腐惡的地方，一一加以糾正，讓學生確實曉得自己文章的缺陷，以收到批改的最大效果。

林瑞景先生在國中從事國文教學多年，平日除了教學外，又勤於研究，陸續在「明道文藝」與「國文天地」發表他的一些心得，普獲好評。本次繼「創意作文與新詩教寫」之後，又以「創意作文批改範例」爲名，選了學生的詩文八十餘篇，涵蓋了各種文體與題材，嚴守批改原則，以糾正種種缺失，不但可供中學的國文教師在批改作文時作觀摩之資，更適合給學生在作文時作參考之用，功用可說是很廣泛的。

由於關心中學的國文教學，很高興看到這本書的出版，於是在它問世前夕，略綴數語，以表達慶賀的意思。

民國八十九年五月十七日序於國立台灣師大國文系

分享——給他魚，也給他釣魚竿。

陸文新

林瑞景老師是我的學長，也是我的益友。林老師擅長寫作，對教育充滿了熱情。每次在報章雜誌上看到林老師有關教育及教學的文章，總有深獲我心的感受。在我的心目中，他彷佛成爲多數國文教師的代言人。據我所知，三十多年前，他精闢的見解就爲他贏得美人心。林老師的另一半余琇珠老師是我的密友，我的另一半又是林老師的同事。因此，林老師在教學方面的「優良事蹟」我都「瞭如指掌」，並且深深引以爲榮。他的千金們都是品學兼優的佼佼者，尤其引人注目的是，個個都曾代表學校參加作文比賽，並且屢獲佳績。這是林老師作文教學最具代表性，也最具說服力的成果。

作文能力的培養，在語文教學中是不容忽視的一環。但是絕大多數的師生視作文爲畏途，也是不爭的事實。提起「作文」課，對大部份的老師和學生來說，恐怕都是一場場的夢魘。從小學開始學寫作文，絕大部份的孩子，看到題目，平時反應靈敏的大腦霎時間遲鈍了起來。儘管咬爛了筆管，敲破了腦袋，寫在紙上的句子仍然寥寥可數，甚至不知所云。身爲出題者和批改者的老師，又何嘗不是有苦難言？一學期十篇上下的作文，單是出題就已絞盡腦汁，更遑論批改所花費的心力了。

個人以爲，作文教學有三難：

第一難，難在出題。

一個好題目，要符合學生的程度，讓他們一看就懂。更要貼近孩子們的生活經驗，讓他們有話可說，的確不容易。

第二難，難在思路的引導。

如何在學生既有經驗的基礎上，引導思路，收集資料，是一門很大的學問。

第三難，難在作文的批改。

兩班八十多篇半生不熟的文章，得花多少心力才能批改完成！剛改完一次的習作，第二次作文課又接踵而至，周而復始，壓得人喘不過氣來。

在國文教學園地中，林老師是我的前輩，他的成就令人嚮往。尤其讓我欽佩的，是他在作文教學方面所下的工夫。多年來林老師在作文教學的園地裡辛勤耕耘，開花結果。更可敬的是，他經常把自己精心設計的教學過程及成果記錄下來，透過報章雜誌和同好分享。他的用心及創意，總讓人重新燃起對作文教學的熱情。因此，在作文教學的領域裡，套句新新人類的話來說，他是我的偶像。

我的學長總是不老，因爲他很有童心，滿腦子的創意。林老師的創意作文教學，在傳統的命題作文之外，開闢了無限寬廣的空間，令人有一種豁然開朗的感覺。林老師的「創意作文與新詩教寫」所提供的「點子」大大降低了作文的難度，甚至使作文變成令學生期待的課。這本書出版以後，受到老師們的熱烈歡迎，個人也如獲至寶。用心觀摩學習之餘，更熱切的和同好分享。也常把它當作獎品，贈送給即將擔任小學老師的師院學生。

林老師認為：要提昇學生作文能力，除了有好的引導之外，批改的方式有相當大的影響。「創意作文與新詩教寫」著重於命題方向的開拓和思路的引導，作文批改則因篇幅限制只能採取舉例的方式。而他在多年的實際教學中累積不少經驗，願意和同好分享、切磋。他的「作文批改範例」在「明道文藝」一刊出，便獲得熱烈的迴響，更受到專家學者的肯定。

這本「創意作文批改範例」收錄了林老師創意教學中批改的實

例，是「創意作文與新詩教寫」的姊妹作。承蒙林老師的厚愛，讓我有機會先睹爲快。有一句廣告詞說「好東西要和好朋友分享」，我懷著一顆喜悅的心，迫切的分享我的「讀書」心得。

「創意作文批改」，顧名思義，就是「創意作文的批改」。林老師批改的方式也很有創意，所以也可以解讀爲「創意的作文批改」。無論從哪一個角度來欣賞，都會有意想不到的收穫。

既然作文是練習用文字表情達意，讓孩子「有話要說，有話可說」就是出作文題目的第一要訣。林老師發揮創意精神，設計新穎的題目，不但讓學生「有話可說」，還「說得開心」。作文題目的設計，可說是「創意作文」的靈魂。因此，除了依照一般作文批改的模式分爲文章內容批改、眉批及總評以外，林老師在每篇文章之前都加了一段「題話」，很技巧的說明出作文題目設計的由來，的確很有創意。例如：

*上過了劉眞的「談讀書」，和張潮「幽夢影」中的讀書觀點以後，我應用我的「論說文思路引導法」指導同學寫這篇「談讀書」。（「談讀書」）

*生活周邊常常可以看到感性的生活散文，讀來不但溫馨，而且心裡甜甜的，很是感動人。我把這份感動與同學分享，並和他們一起創作幾篇「感性的生活散文」。（「電腦」）

*國文課本第二冊「吃冰的滋味」上完課後，同學們覺得體會不出冰的滋味，所以我請他們當場吃冰，寫「吃冰的滋味」。（「吃冰的滋味」）

*上完了古蒙仁的「吃冰的滋味」大家都會想起童年往事。這時候的作文課，讓同學寫些小時候印象最深刻的往事，一定會覺得甜蜜蜜。（「童年往事（一）——焢土窯」）

由於林老師有心而又富有創意的批改方式，每篇文章盡量採用不同的重點和模式在眉批及總評中呈現。以下是一些實例：

一、指導用字遣詞

＊「的」和「得」的用法，端看動詞底下如果是形容詞時，則用「得」字，如「飛得高」；如果是名詞時，則用「的」字，如「飛的地方」。（「童年往事」）

＊「大都」是全數；「大多」是大部分。（「先民的智慧諺語」）

＊「準備」流口水是「主動」；「忍不住」要流口水是「被動」，你說哪個合適？（「口齒留香的萬巒豬腳」）

＊「一絲」和「一線」的希望，差別是很大的。（「堅定信心，樂觀積極」）

二、指導標點符號的使用

＊「爸媽請聽我說」句子底下的標點作用是提起下文，所以用「：」（冒號）較貼切。（「爸媽請聽我說」）

＊句子敘述完整時，記得要使用「。」（句號）。（「什麼動物最像我？」）

＊特殊名稱、狀聲時要加引號（「」）。（「美少女的夢」）

三、引導思路

＊什麼東西讓你有「一股甜蜜的感覺湧上心頭？」若能舉出例來讓讀者一起分享，可不是更好？（「童年往事（一）——焢土窯」）

＊「爸媽請聽我說」是篇感情訴求的文章，所以在寫作時說理要客觀，語氣要委婉，感情要眞摯，才能感動爸媽的心，進而讓爸媽

認同妳、支持妳。往後各段都可以此標準檢視。（「爸媽請聽我說」）

四、指導分段

＊前半是寫老師方面，後半卻寫校園部份，不同的事物就該分段了。（「我是國中生了」）

＊事情、時段不一樣時，要記住分段。像本文首段就可以分爲三小段。（「向『成語』挑戰」）

＊下半段和前半段敘述內容不同，應該分段。（「向『成語』挑戰」）

＊「東東」的份量重，另成獨立一段更具意義。（「心愛物展示」）

＊不同的故事，該分段了。（「樂觀奮鬥」）

五、讚美寫作技巧

*用一句布袋戲名言，就揭開了「心愛物展示會」的序幕，很特別。（「心愛物展示」）

*用狗吠聲的懸疑，開啓了逐項介紹心愛物的寫法，技巧高明。（「心愛物展示」）

*剛聽到要上「恐怖箱」的驚嚇心情，寫得逼眞。（「恐怖箱」）

*竹蜻蜓空中飛舞，載滿大家的夢想，聯想妙。（「童年往事（二）——竹蜻蜓」）

*一開始就引入正題帶進回憶，眞是乾淨俐落，令人不想看下去也難。（「電腦」）

*事件發生的經過，介紹得很簡潔、清楚。（「我看廖曼君跳樓事件」）

*「孝順母親是不分日子的」是全文的綱領，作爲文章結語，實在太棒了。（「不是母親節的日子」）

*利用江湖賣藥的台詞，把題目帶進作文裡頭，這是很新鮮、很有創意的開頭方法。一個很普通、嚴肅的題目因而活潑起來，可愛了起來。（「求人不如求己」）

*用一句問話，不但破了題，也開了話匣子。（「過一個充實的週休二日」）

*各種顏色的特色，抓得很準。末了還把彩色筆當成一個個的「顏色頑童」，眞是妙喻。（「彩色筆」）

六、歸納段落要旨

「凡事靠自己，求人無用」這篇說理的文章，前後呼應，林老師特別在眉批上歸納段落要旨，彰顯文章在結構上的優點。

*作文一開頭就能扼要點明祈禱內容，很難得。

＊接著用名言、諺語說明願望是要靠努力才能得到，很有說服力。

＊反面說明人的慾望不見得就是美好的，所以用不著祈求。暗中告訴祈禱人要知足。

＊一個人萬能不見得是好事，除了忙碌不堪外，如人人萬能，那就失去了做人的價值——少了樂趣，沒了鬥志。

＊懂了道理之後，便要付諸實踐。所以勸祈禱人奮發向上，嘗嘗成功的滋味。

＊最後強調要成功需靠勤，光祈求是沒有用的，並呼應首段的道理，技巧很棒。（「神的意旨」）

七、提供整體建議

＊美君：訪問時，你認眞「速記」，也很認眞「佈局」，所以才寫得這麼詳盡、有條理。美中不足的地方是標點符號沒掌握好。

（「作文課像記者會」）

＊末段開頭「現在想起來覺得眞是有趣」。韓群，請你再回覽一次全文，有哪些過程是富有情趣的地方？不多！是吧？所以老師建議你：往後寫類似的題材，別忘了多寫些有趣的地方。（「童年往事（一）——焢土窯」）

從評語中，我們可以感受到林老師文學鑑賞的深厚功力。他以實際的引導代替艱深的理論說教；以幽默體諒的心代替嚴苛的批評；以欣賞與讚美讓學生獲得成就感；以商量的口吻讓學生樂於進一步用心思考。……這樣的作文教學不但給了學生一條條鮮活的魚，也給了他們一根根的釣魚竿，難怪孩子們在林老師的帶領下，會「不可自拔的愛上創意作文」。此時此刻，我也不可自拔的喜歡上「創意作文批改範例」了。

林老師的作文教學設計，使作文教學的三難迎刃而解。對教學園地的新手來說，書中六十多種作文題目設計，提供國中三年作文課參考選用，堪稱綽綽有餘。更何況有心的老師，還可以靈活運用本書出題的方式，發展出自己的風格來。

八十多篇批改的實例，提供多樣性的批改方式，可供教學的新手揣摩運用。有經驗的老師，或許會產生吾道不孤的共鳴。對學生來說，這些文章就是最好的範例。從林老師的批改中，還可以學習材料的整理、語詞的運用及段落的安排。

林老師以熱切的心分享了自己作文教學的成果，相信它就像一棵擁有豐富生命力的種子，在有心人的灌溉下，將會在作文的園地裡繼續成長、茁壯、開花、結果。

序於屏東師範學院語文教育學系

自序

林瑞景

「無巧不成書」，這本書的誕生，眞的有夠「巧」了。「創意作文批改範例」一書，在我的出書計劃裡未曾想過，也沒有計劃過，那怎麼會忽然蹦出這本書來呢？這就是「巧妙」的地方了。

自從八十七年底，我出了一本「創意作文與新詩教寫」以後，即受到教育界同仁的熱烈迴響。其中有位編寫「中學生常用成語典」、「高中國文趣味教學手冊」、主編翰林新版「高中國文課本」的宋裕老師，看到我的書以後，不知道欣賞我哪一點，竟然透過「國文天地」要和我認識，並且還做了好朋友。

有一次，宋老師到高雄來演講，我載他到萬巒吃豬腳的路上，他替台中的「明道文藝」向我拉「作文批改範例」的稿件。返家後，我把手邊準備二刷時要加進書中，正在批改的丁天欣同學的詩作「鳥」及「蝴蝶」，分別加上詩題簡述、賞析和總評後，便按址寄上。

幾個月後收到二本期刊，還寄來二仟元稿費（伍佰元分給天欣）。高興之餘，我又把剛教學完的創意作文「一堂可以上電視的作文課」，選定呂曉雯同學的作品，詳細批改後再度投稿。

三、四個月後又刊登出來了，當時我正在籌劃推出第二本的「創意作文」，所以手邊有不少適合批改用的好作品，一時興起便多改了幾篇。心想：總不能通通全寄給「明道」，分一、二篇給「國文天地」，並影印寄上已發表的作品參考，建議他們也新闢「作文批改」專欄，這才眞正符合名副其實的「國文天地」。

幾天後，「國文天地」總經理梁錦興先生來電指出：經過和編輯部研究結果，作文批改的稿件要套色處理，目前技術上有困難，不擬新開專欄。倒是有意請我把已發表在「創意作文」書中、或準備推出的學生作品，各擇優選出一篇加以詳細批改，合輯成一本專書出版，問我意向如何？

爲了提高我的興趣和信心，梁總還不厭其煩的來個「非廣告」：說我的「創」書出版後，有很多老師非常欣賞書中學生的創意作品，可惜幾乎看不到作文的全貌。如果利用「批改作文」專書出版的機會，不是可以滿足老師們這方面的期望？何況市面上這方面的書籍很少，而國文老師的需求量卻很大。假使眞的能夠出書，更可以搭配已出版和準備要出版的「創意作文與新詩教寫」兩本書，一起行銷，對有需要的國文老師而言，不是美事一樁？

經梁總這麼一鼓吹，我的心開始癢癢的。但是，「成篇容易成書難」，想要編寫成一本像樣的書，可不是那麼容易。好在我這一屆教的兩班國文班級，是由一年級帶到三年級，也為了寫「創」書，從第一篇作文起，具代表性的學生作品，我幾乎都收集齊全。再加上課後額外指導的學生作品，複習考具有創意設計的作文等，湊一湊就已經五、六十篇。這學期為了配合高中推薦甄試及末代聯考，我又從歷屆推甄、聯考試題中，找出頗具創意的試題，指導學生習作。這樣林林總總地湊在一起，編寫「創意作文批改範例」最重要的範文，便已經有了著落。

二個多月來，利用公餘假日，一天一篇詳細的補充批寫下去。如今已接近完成的時刻，內心有無比的高興和期待：高興的是，我從事教育工作到今年暑假屆滿四十年，在這值得紀念的日子裡，很意外的喜獲這本書的誕生，怎不令我高興異常；期待的是，出書之後，會不會像「創」書一樣，廣受大家的喜愛？對國文科同仁在作文教學及批改上，是否有實質上的幫助？這些都是我衷心期待的。

這本書之所以命名為「創意作文批改範例」，其用意無論是在作文教學設計、學生的作文內容，以及作文批改的方式上，盡量多一些創意，好帶給國文老師及學生讀者們，多一些作文教學或創作上的活水，從此對作文課便無需發愁，更不必感到頭痛了。

我始終覺得：作文批改的方式，可以多元化、多樣化。譬如，用筆批改，並不是唯一的方式，就像書中的批改內容，有許多是使用口語講評出來的。因為一班四十來個學生中，相信有不少的同學，文思敏捷、書寫動作快速，還沒下課，作文就大功告成。這時候，為師的便可依序叫這些學生到身旁，當場共同分享其作品，手口同時評點。如果改後發現是篇佳作，還可以請其公開朗讀，供大家借鏡，同時也是給這位同學肯定及鼓勵。

假使老師的批改要領，學生大多熟識時，在學期末可以來一、二次「交換實習批改」。交換的方式，也可多樣化、多次化。在交換欣賞批改中，老師可以清楚的知道學生的好惡，甚至於更可以發現不少頗有見地的批改，作爲老師提昇批改品質的參考。

也許會有國文老師質疑：難道林老師的每篇作文都是如此詳改嗎？我坦白承認，答案是否定的，但是其批改的精神、理念卻是一致的。這句話怎麼說呢？因爲過去每班人數超多（四、五十人），只得在時間允許下，以「需要」爲原則，選篇詳改，如果作文尚稱平順流暢的，就多保持原著，扼要批改了。其實把每篇作文批改得面目全非、通篇「滿江紅」，也不一定受學生歡迎、感激。因此，我一直覺得：作文批改要批得「妙」，改得「巧」。批得學生佩服，就是「妙」；改得學生心服，就是「巧」。何況，往後的班級人數，勢必走向「小班」制，一班只有二、三十本的作文簿時，作文批改也勢必逐漸走向「詳改」了。

本書共收集了六十八種單元設計，八十七篇的作文批改範例（六十六篇範文、二十一首新詩），以每學期十篇次，包括一次新詩教學的順序來編寫，足可供三年六學期作文教學、段考、複習考出題的需要。所以一旦擁有此書，無論是老師或學生，三年的作文課將是如魚得水、如虎添翼了。

市面上的作文參考書很多，有關作文批改的理論及實例的書籍也不少。但是爲了想獨樹一格，多一些創意，我儘量不去涉獵參考，完全憑自己四十年來，所學得的理論基礎和實務經驗來批改。我心裡很清楚，個人才疏學淺，獨自完成此書，必然有不少的疏漏，因此誠懇的盼望教育界先進，能夠多多給我指正。

感謝我班上可愛的學生、宋裕老師、「明道文藝」及「國文天地」的同仁們、梁錦興總經理、陳滿銘教授、陸又新教授等，如果沒有你們的「臨門一腳」，這本書便無法順利誕生。謝謝！

作文眞的難改嗎？

兼談我的作文批改理念

林瑞景

拜讀「國語日報」民國八十四年九月二十一日「語文教育」，黃長安老師的「作文難改」大作以後，內心就有一股怎麼會難改的疑問在翻滾。接著又有一股野人獻曝，提筆為文的衝動，想和擔任作文教學的同仁一起切磋批改經驗。

幾十年來從事作文教學，我始終抱定一個理念：寧可在學生提筆寫作前，多費心，多費口舌的詳講，卻不願意在學生作文後，抱著一大堆的作文簿難熬。

俗語說：「巧婦難爲無米之炊。」上作文課，學生就是「巧婦」（其實又有幾個稱得上「巧」字），做「婆婆」的老師，做「家人」

的同學，是不是有責任多提供一些材料，讓「巧婦」做出一桌色香味俱全的菜色？這時候，負責品嘗的老師，相信可達到「雖不滿意，但可接受」的程度；學生在交換「品賞」時，也會個個眼睛發亮。

筆者擔任教育輔導團國文科輔導員多年，到各地參觀過不少的作文教學。一般的老師大都採用「輕教重改」的方式，才會有如黃老師「作文難改」的感歎。我一直覺得：作文如果要好改，必須具備許多條件。諸如內容充實、文意切題、文句流暢、層次井然、字體端正、標點清晰。假使能文辭優美、筆調生動、情感眞摯感人，再加上富有創意的話，那麼老師改起來，一定是賞心悅目，心曠神怡。

想要學生的作文達到好改的條件，唯一的方法，是在學生動筆寫作之前，要好好的作些思路引導的工作，導正寫作方向，提供與題目有關的材料、意見，讓黑板上落英繽紛，琳瑯滿目。如此可使學生作文在內容上充實，左右逢源，取之不盡，想營養不良也難。在文意的切題方面，師生可以共同討論層次怎樣安排，哪些材料值得應用在作文裡，哪些材料卻不宜，必須割愛。

至於要使學生文句流暢、文辭優美、筆調生動的竅門，除了平日訓練學生多誦讀背吟好文章外，作文課可以利用黑板上現有的「半成品」。正面的造句、組合成流暢的句子或較完整的小短文，讓程度較差的學生模仿參考；反面的可以舉出學生常犯的語病，或可能出錯的句子組合，使學生有所警惕。

經過以上的「詳講」之後，相信學生大多數已經躍躍欲試，內心充滿了寫作衝動，對眼前的新作文題材，也必定充滿了信心與期待。相信只要老師的一個「開始寫」的口令下達，個個都是可用之「兵」，可造之材。這時候，老師再以感性的口吻提醒同學字體要寫端正，標點要小心使用，「好改的作文」就「此時」可待了。

作文教學在指導上除了「詳講」，上課的方式也要多樣化。多樣化的最大功能，在提高學生的作文興趣。學生對作文一旦發生興趣，信心就因而產生。學生對作文充滿信心下，作文哪有寫不好的道理？

老師想作文要多樣化，就要常常動腦筋出點子。例如利用視聽媒體寫「看影片寫作文」。參觀水廠之後寫「飲水思源」。實地烤肉之後寫「烤肉記」。夏天請全班吃冰，邊吃邊寫「吃冰記」。或許來個主客易位，讓學生充當記者，來挖「老師的祕密」等等。這些都是很讓學生興奮好久的作文教學方式。在這樣多樣化的教學設計策略下，學生的作文哪會不進步？只要學生作文有進步，老師改起作文也就不難過了。

黃老師在文中提到：「作文經過仔細增刪，變得面目全非，失去稚嫩原味，也帶給學生挫折感；後來我儘量不去動作品架構，只稍加修潤，就輕鬆許多。」黃老師的蛻變是正確的，也是師生皆大歡喜的作文批改方式。打分數也不可以太嚴苛，適度的放寬也是促使學生對作文產生興趣和信心的策略之一。

批閱作文要不覺得頭大傷神，也是一門大學問。以我多年來批閱作文的經驗，我覺得把作文簿通通抱回家，在夜闌人靜時，犧牲睡眠熬夜改上幾小時，這是既傷神又痛苦的事。現在學生寫作文已經不使用毛筆，老師批閱時也就可以使用紅色簽字筆，這比以前使用毛筆時方便了許多，隨時隨地都可以改。

通常學生寫作，在行間個別指導，或替學生「接龍」（學生思路斷了），我會帶著紅筆，邊輔導邊批閱一部分。動作快、先寫完的，我會請他們到身邊來隨堂批改完畢。剩下的作文簿，以時限內可能改完的分量，分別放在教室、辦公室和家裡，利用下課、沒課、空檔、看電視新聞等零碎時間，輕輕鬆鬆的分幾次、幾本、幾天批閱完成。在這既沒有負擔、壓力下，又可以讓自己零碎的空白時間填補上「勤奮」，內心不僅覺得充實，也可以做爲學生潛移默化的榜樣。所以多年來，在作文的批閱上，我一直不覺得有什麼「難改」。

（原發表於八十四年十一月九日《國語日報》「國語文教育」欄）

批改範例

眉批

△幾乎每位小學畢業生一升上國中，都會有既興奮又緊張的茫然感覺，這種感覺若能捕捉得住，這將是很好的開頭。

△國中生涯的第一天，是個難忘的日子，所以要好好的留下歷史記錄。可惜這部份寫來太平淡了些，如果能特殊一點，會更有可讀性。

我是國中生了

李悅嫥

【題話】

國小畢業進入國中後，相信滿腦子想的，都是「我是國中生了」，所以國中的第一篇作文捨「我」其誰？

度過了六年的國小生涯，現在我已是一位眞眞確確（實實）的國中生了。面對以後的國中生涯，眞不知該說是甘還是苦？

開學第一天，我帶著一顆又（既）興奮又緊張的心情來到學校，（。）因爲是第一天，所以每個人都上（顯）得非常拘束，可是慢慢的大家漸漸（混）熟了，下課也互相玩在一起，這是上了國中最令人高興的（事）了。（分段）國中最使人興奮（，）也最跟小學不

△接著寫國中與國小不同的地方，和前文截然不同，因此要分段。

△高矮、胖瘦、美醜要對比敘述，所以不可錯亂。

△老師的個性多樣化，也許可讓學生活潑快樂，但怎麼會帶給學生無限的「安慰」？不太合乎常理，所以改成「新鮮感」就通順了。

△前半部是寫老師方面，後半部卻寫校園部份，寫不同的事物就該分段了。

△「認識新同學」和後面的「帶給人苦處」是兩碼子事，硬把它

同的就是每一個科目老師都不同，有高、有瘦、有胖、有矮小、有美麗也有老，每個老師的個性都不同，帶給學生的不僅是活潑快樂更是給我們這群新鮮人無限的安慰。國中的校園非常的大，活動自如，不像國小在那小小的地方活動，樹木又高又大，建築物四處林立，給人就是一種美觀又大方的感覺。

上了國中雖然認識了許多新同學但還是有它帶給人的苦處。在國小，我留了一頭烏黑亮麗的頭髮，但是到了國中卻要把它剪掉，眞令人感到傷心又難過。上國中前夕，媽媽每天都教我讀書的方法，當初我不認爲這個重要，但現在終於體驗到了，每天上學背著又重又大的

們湊在一起談，很不合邏輯性。

△剪頭髮和讀書是兩回事，所以又要分段了，何況這一大段太過冗長，妳不覺得有壓迫感？

△升上國中後功課加重了，這是一般國中生共同的體悟。這方面悅婷的感受很深入。

△最後以「好好唸書、事事專心、認真」作為初當國中生的自我期許，是很有力的結語。

△前面都是以「我」的立場來寫，末了用「我們」，就寫作人的立場而言，缺乏一貫性，這是往後作文

書包，回家還要背一大堆的課本內容，睡覺之前，又要把明天上的課先預習一遍，眞覺(得)時間都不夠用，難怪媽媽(每天)要苦口婆心的來教導我讀書的方法。

上了國中，不能再像小學一樣貪玩，必須好好利用時間唸書，事事都要更專心(、)更認眞，這樣才能使我們的國中生涯，過得更快樂(、)更充實。

總評

△初進國中新鮮人的第一篇作文教學設計，我認爲以「國中生」爲題材較爲恰當。不但可以測出學生語文能力，更能激勵學生規劃國中生涯的思維和鬥志，

時，要切記避免的。

從本文即可得到印證。

△此類型作文，通常先談及初入國中的感受，再談國小和國中不同的地方，接著寫出國中的特色，最後抒發對往後國中生涯的期許。悅嫥寫來眞是鏗鏘有力。

△標點的使用是本文最需要加強的地方，盼今後多加揣摩。

「恐怖箱」（觸覺作文）

李悅嫥

【題話】

從上篇學生的作文中，說到上國中很「恐怖」，便聯想到電視綜藝節目的「恐怖箱」，於是設計成作文教學題材，給學生留下終身難忘的作文經驗，和受益良多的作文課，很值得大力提倡。

今天上作文課，老師出了一個令人非常~~呀~~〔訝〕異的題目，那就是~~一~~「恐怖箱」。聽到這個題目，每個人似乎都被「恐怖」這二字嚇得臉色發白。這也是我頭一次摸恐怖箱，〔當時〕整個班〔級〕~~焰~~〔陷〕於既緊張又害怕的情緒中。

恐怖箱的時刻到了，老師先叫各排派出一位「敢死隊」~~的~~先出~~來~~〔去〕摸，他們在臺上，我們比他們更緊張。有的嚇得大聲尖叫，有~~得~~〔的〕則表現得若無其事的樣子。

眉批

△將剛聽到要上「恐怖箱」的驚嚇心情，寫得十分逼真。

△夾註號「——」的意思就是「那就是」，所以用其一即可。

△「恐怖」多「箱」字，即沒有時刻可言。敢死隊是特殊名稱，故需加「 」號強調。

△寫作文的妳是在台下座位，所以用出「去」

摸，而不是以老師的立場出「來」摸。

△輪到自己摸時，將恐怖的感受寫得淋漓盡致，恐怖嚇人。

△「嚇得連忙把手『伸』出來。」「伸」字不妥。手入箱用「伸」；縮手出箱，該用「拉」或「抽」。

△期待答案的心情，寫得簡明不嚕嗦。

△「摸到的東西」不能判定是否正確。只有「寫下來的答案」才具體可行。

終於輪到我了，看著同學個個嚇得臉色慘白，心中不禁也感到忐忑不安，當我的手慢慢放進恐怖箱時，那種感覺眞是筆墨難以形容的。我的手在箱裡摸來摸去，有涼涼的、有圓圓的、有冰冰的，甚至還有軟軟的。當我摸到一半時，突然有一個東西跳起來，嚇得我連忙把手拉出來，當時眞是「心跳一百」。

每個人都摸完了，個個興奮得將自己所摸到的東西，一一寫在筆記簿上，接下來的，就是等著老師公佈答案。

公佈的時間到了，大家聚精會神的望著恐怖箱，希望自己所寫下來的答案是正確的。老師將東西一一拿出

△「青蛙」不是「拿」的，而是用「抓」的。

△「感到」和「覺得」是同類詞性，並列於後便成重覆，所以要刪去一個。

△「不以為然」意思不明，不如改成「有受騙的感覺」較為清楚，並可和上句「感到」連成一氣。

△對這堂課的評價，十分得體，也很有呼應前段及歸題的意味。

來，沒什麼嘛！麥克筆、網球、玩具車、剪刀、飲料、梳子、籃子、娃娃等，其中最令人感到恐怖的~~那就~~要算是「青蛙」了~~，~~。當老師把青蛙~~拿~~抓出來時，青蛙還踢了老師一腳，眞是好笑。

答案公佈完了，同學們心中的謎底也解開了，當時不敢摸的同學，不禁感到~~覺得~~可惜，膽大的同學則~~不以為然~~有受騙的感覺。今天的恐怖箱眞是有趣呀！

今天的「恐怖箱」固然覺得快樂、刺激，但也讓我們學到了很多，不但能練習膽量，更可以訓練觸覺能力，這眞是一堂受益良多的作文課。

總評

△本文布局嚴謹緊湊，過程記載忠實、流暢，寫來有點恐怖，但又不很恐怖，令人看了心生喜佩。

賞析

△麵包店裡的麵包，通常傍晚時分出爐，因此第二天清晨的麵包，都是「冰冷」的。

△暑假所以好，是不用上學，所以不必擔心上學「遲到」，早晨可以多睡一會兒。

△平常上學時，便無法去外婆家玩。放暑假了便可到外婆家住上

放暑假眞好（新詩一）

韓　群

【詩話】

上完了楊喚的童詩「夏夜」以後，學生們的「詩心」癢癢的。可是國中新生已過了兒童詩的年齡，少年詩又還未接觸過，所以才教他們寫這種有點像童詩，又有點像少年詩的「半童半少年詩」。

放暑假眞好，：
不用吃那冰冷的麵包，
也不用擔心遲到，
更不用在睡得正熟時被叫起來。

放暑假眞好，：
可以到外婆家玩那有趣的電腦，

幾天。打電腦、和表哥打籃球、上山和新鮮空氣作伴等……難怪外婆家是快樂的天堂。

△上學時功課多，沒多餘的時間陪伴家人。現在可好，放暑假了，可以和全家人去游泳、郊遊，甚至於和同學去打球。盡情的玩，不用擔心時間不夠。

也可以和表哥一起打籃球，
偶爾也能到山上和新鮮空氣作伴，
外婆家真是一個快樂天堂。

：

放暑假真好，
能夠和全家人一起去游泳，
也能夠利用這個假日去郊遊，
有時還能夠和同學一起去打球，
可以盡情的玩，
不用擔心時間不夠。

△人是矛盾的動物，上學時盼著暑假快快來臨；一旦放暑假了，玩得有點膩了，便有點期盼開學快點來，又有點捨不得暑假跑了。

△暑假「消失」，改成「跑了」，較有「詩味」。

△「期待開學」、「擔心暑假跑了」，沒有「太好」的意味。

放暑假眞好~~，~~：
有點期盼開學的來到，
也有點擔心暑假~~消失，~~跑了。
啊！暑假生活實在是~~太好~~有意思了。

詩評

△每節的第一句「放暑假眞好」底下的「標點」用逗號（，），斟酌再三，覺得不妥。改用冒號（：）較妥，因爲有提起下文的作用。

△本詩淺顯易懂，寫盡了放暑假眞好的心頭感覺。缺點是詩句不夠洗鍊，詩味欠濃郁。

鉛筆（新詩二）

簡宜蓁

別人是越長越高，
我是越來越矮，
越來越輕。
身體的肉跑到哪去了？
哦！原來——
全變成了一篇篇
動人的詩歌、文章。

【詩話】

作文課一談要寫詩，同學們普遍都很高興。因為可以有奇思妙想，不必長篇大論，絞盡腦汁。有時靈感一閃，妙詩可能就出現了。

賞析

△很能抓住鉛筆的特性——越用越短。譬喻成越長越矮。利用人的長高來襯托筆的變矮，棒極了！

△不但變矮了，而且也變輕了，懷疑身體的肉跑到哪兒去了？想得妙！

△哦！原來是成就了一篇篇動人的詩歌和文章。暗喻出筆的功用。

詩評

△新詩創作的方法，就是要緊抓住詩材的某一個特性，加以聯想或體驗，用有趣的譬喻或擬人的詩句分行寫出來。這種巧思，宜蓁表現得可圈可點。

看影片寫作文
——獼猴爸爸

楊舒晴

【題話】

每個教室都有電化器材，所以看影片寫作文，是堂很吸引學生的作文課。

今天聽到老師說要「看影片寫作文」，心裡覺得好興奮又訝異，以前沒有上過這種「另類」的作文課，所以今天的作文課令我覺得有點好奇，今天要看那一支影片呢？

影片正式放映了，影片的名稱是獼猴爸爸，拍攝的地點位在台南縣五峰山上。影片的內容大概是說，有一群獼猴，常常去偷摘山下果農的水果，直到有一位有愛

眉批

△另類的作文令人好奇，作為開端，有創意。

△「今天」出現三次重覆。

△接著該介紹影片名稱及內容。

△放影過程，同學們看影片的反應，以及好看與否，沒提到很可

惜，所以讀起來平淡無趣。

△「獼猴爸爸」稱呼的由來寫得四平八穩。

△用肩「扛」，形容食物重多，相對的猴子也衆。而「拿」字卻味道差些。

心的人士——林冬松先生出現，他每天無怨無悔的從山下帶著食物到山上，餵養這些獼猴。林冬松辛勤地照料那些猴子們，使得五峰山上的猴子大爲增加，五峰山因此而變成了一個觀光勝地，許多遊客絡繹不絕到山上去看獼猴，台南縣政府因此還在山上設立了公共廁所和休息站，以便利遊客觀賞。

林冬松先生。每天早起到山下購買蕃薯或香蕉，等採購完畢後，從山下扛到山上來給猴子們吃。他還把山上崎嶇不平的道路給修補好，目的就是爲了使猴子們生活得更好。林冬松先生這些有愛心的善舉動，使得五峰山下的居民們和五峰山下南化國小的學生們，都稱林冬松

△介紹獮猴的特性——團結、合作、母愛強烈。

△「無時無刻」指沒時間。「無不」是負負得「正」。整句的意思是沒時間把小猴帶在身邊，所以意思反了。因此要去掉一個「無」字或改為「時時刻刻」。

△結語能和首段呼應高明。

先生為「獮猴爸爸」。

由影片可知獮猴是群居動物，牠們互相合作，如果有敵人攻擊牠們，牠們會同心協力地去合力攻擊敵人。

母猴非常保護小猴，母猴無時無刻無不把小猴帶在身邊。有一次，有一隻小猴死了，可是猴子媽媽還是抱著小猴不放，林冬松先生試著把小猴從母猴懷裡拖出來，可是母猴媽媽卻要攻擊林冬松先生，由此可知母猴們擁有著一股強烈的母愛。

這一次「另類」的作文，使我覺得很新奇又有創意，我們也可以知道生態保育的重要，還告訴大家，多珍惜大自然。

總評

△這是一堂生態保育知性的作文課，本文結構布局雖穩健，但是動態的描繪不夠，生態保育的觀念，著墨頗少。

△林冬松先生對保育動物的愛心，是值得大家效法，文中未加鼓吹，實在可惜，這點可在第三段補敘。

（本教學設計榮獲教育廳八十四年「創造思考教學」優異創作獎）

給小學老師的一封信

李悅嫥

【題話】

本文題目係依據國文課本第一冊第二十九頁「語文常識」應用文作法——書信的練習題目第三題所擬的教學設計，題目雖稀鬆平常，但內容卻具創意，因此列入範例來批改，提供老師、同學參考。

敬愛的莊老師：

近來可好？畢竟已好幾個月了，不知您是否還是如往常一樣，意氣風發呢？

這篇作文雖然是國文課本中規定要寫的，但是這卻是我對老師您的一種無限的感激。記得剛升上五年級的時候，初次看到您那一頭稀疏的頭髮再加上一雙微小的眼睛，眞是覺得可笑又可愛。

（批改：「但是這卻是」旁改為「利用此機會，表示」；「無限的」後加「崇敬和」；「感激。」後標「（分段）」；「頭髮」後加「，」）

眉批

△通常一開始寫信，都是向收信人問候致意，悅嫥能抓住莊老師的特有風格問候，很特別。

△除了問候，並致上崇敬和感激。

△回憶過去對老師的初次印象，應該列入第三段。

△稱呼「老師」就已包含了「您」字，故不必重覆稱呼。

△所說的話，用「精挑細選」，不如「深思熟慮」更為貼切。

△稱讚老師的數學頭腦，像孔明的「神機妙算」，更誇張地形容快得只要打一個噴嚏的時間，就能算出正確答案。相信老師看到信後，必定高興地捧腹大笑。

△老師的吹牛功力，寫來有褒有貶，但貶得並不令人生氣，這就是厲害的地方。

△只要是說話句子，句

每次上老師您的課，都覺得無比的快活，既不呆板，又不乏味，上起課來輕鬆愉快。每句話都是您精挑細選出來告訴我們，從您的話中，使我們學到很多，至今都使我難以忘懷。

一提到您的數學頭惱，啊！那真是無人可敵，上課當中，您隨時隨地要幫我們出題目，只要經過您孔明的手指屈指一算，一道題目就已出現在我們的眼前。再難再復雜的題目，也只要一個噴嚏的時間，正確的答案，就已乖乖地寫在黑板上了。再說到您那吹牛的功力，喔！那也是沒人可超越的，每當算完一個題目時您總會說：「沒什麼ㄌㄚㄐ，真使我們覺得又佩服又噁心。

子完了先有標點，再加下引號（」）關起來。

△國小老師中能「灌籃」的不多，這的確是該大書特書的。

△末了還是回到現實，呼應首段，並寫出期待。

△自稱、署名、末啓詞，要比寫信時間詞抬高幾格。

說起您的運動功力，我看學校再也沒有一個老師能比過您。每次和您打籃球，總是獻出拿手絕技——灌籃，讓我們一場球賽下來，眞是受益良多。（佩服得五體投地，）

畢業已好幾個月了，我不時的在想念老師，希望老師您能和往常一樣保持您那甜美的笑容。肅此　敬請

教安

學生李悅嫭敬上

八十六年十月九日

總評

△除了想念老師、讚美老師外，相信老師

最關心的還是自己的學生，進入國中後的適應情形，可惜信中未有一字半句提到，必讓老師懸念。

△本封信的結構和書信的繕寫格式，都寫得很正確，語氣也親切得體，相信很能博得老師的歡心。

眉批

△很平常、自然的開頭點出題目。在「點子」底下，要加夾註號「——」或「那就是」，才算連貫通順。

△事情、時段不一樣時，要記住分段。像本文首段就可以細分為三段。

△切好的豬腳擺放成「盤」，不可用「拉」出，而是「端」出。

口齒留香的萬巒豬腳（味覺作文）

謝天祐

【題話】

「民以食為天」，尤其少年仔更喜歡吃，所以一邊吃、一邊寫作文，是最生動有趣的作文課。

今天，咱們的作文老師，又出了一個奇怪的點子，（那就是）吃萬巒豬腳來寫作文，（分段）當我聽到這個題目時，心稍微的動（震）了一下，然後老師又（接著）從他的袋子裡拉（端）出了一塊（盤）「巨大」的萬巒豬腳，並請同學拿到我們面前「搖來搖去」（晃晃），（實在）令我心動不已，（分段）當我正準備流口水的時候，我（忍不住要）看到老師用叉子叉起了一塊肥肉，拿起來晃動（了一下），並迅速的放進口中咀嚼，這個動作讓我的口水不斷的流出來，真○○○○○○○○○。心想：

△端著豬腳在同學面前不是「搖來搖去」，而是「晃來晃去」。

△「準備」流口水是「主動」；「忍不住」要流口水是「被動」。你說那個合適？

△「萬巒豬腳」未成名前，怎能寫成「偉大」？

△豬腳研製過程介紹得精簡生動，令人讀了真想吃上幾口。

△此段「豬」腳，怎麼變成「猪」腳，是不是被豬腳的香味薰昏了頭？

△特殊的事物，的確需要「特殊」的誇飾，這小段表現不凡。

不曉得老師什麼時候才能讓我們享受這一塊豬腳。

說到萬巒猪腳，不談談它的歷史，怎麼過得去呢！

話說民國初年，有一位偉大的廚師——林海鴻先生，他在那時聽說里港豬腳很不錯，就跑去嘗試了一下，但里港猪腳真的是不怎麼「爽口」，於是林海鴻先生就自行研發他自己的猪腳，他將煮猪腳的時間調整，將猪腳煮得又脆又軟，而且他的沾醬更是不得了，裡面加了大蒜和中藥。用這個醬料去沾猪腳，簡直是天下第一大美食，兩者配合的天衣無縫，令人一塊接一塊，讚不絕口。

一天，有一個遠從台北來的記者，吃過萬巒豬腳

△發蹟的緣由寫得有看頭。

△「天鵝湖」是什麼含意，雖然多少可以猜測，但是還是令人不解！

△「火力全開」、「秋風掃落葉」的描寫，很能表現出當時的態勢。

△感想貼切，但不僅是「老師的用心」，而且還應該包括「海鴻精神」。

後，將它寫成了一編〔篇〕報導，〔因此〕令它聲名大噪，還有許多政府官員去品嚐，使這間「萬巒豬腳」〔店〕紅遍了全台灣。

OK！聽完了故事，我也該去品嚐品嚐了，以免整間教室變成了「天鵝湖」？，老師請同學把萬巒豬腳傳著吃，大家都細嚼慢嚥，〔吃得津津有味。忽然，〕~~突然間~~老師有事先〔行〕離開，全班見時機成熟後，通通都露出飢〔餓〕渴狀，大家火力全開，〔以〕秋風掃落葉〔的招式〕，吃它個夠，眞是有夠「爽」。

我以前~~有~~〔曾〕去吃過許多次「萬巒豬腳」，那時只時覺得很好吃，今天卻〔有些〕~~不然~~〔同。〕今天我所吃的，並不只是萬巒豬腳，~~今天的萬巒豬腳~~，裡面還包含了老師的用心〔和海鴻爺爺的研發精神。〕所以今天的萬巒豬腳讓我覺得更有味道！今天的作文課讓我記憶長存，永遠也忘不了。

△閱讀此文時，「現實」上雖沒看到、吃到「萬巒豬腳」，但在「潛意識」中卻是「垂涎三尺」。因此，此文的表現該算是佳作。

△天祐的用字遣詞，嚴格說來不算嚴謹，所以該修飾的地方不少，往後寫完作文後，必定要多重看幾次。

△好像小孩子盼新年似的，終於盼到戶外教學的日子，這種心情拿來當做作文的開頭，是很多人愛寫的方法之一。

△去參觀過「太空劇場」的人，誰都無法忘記那逼真、壯觀的「大蛋殼」螢幕。

戶外教學的點點滴滴（一）

簡宜蓁

【題話】

戶外教學可以寫的地方實在太多了，為了不讓同學寫些無趣無味的冗長流水帳，所以只要求同學寫些精緻有趣的點點滴滴。

十二月二十六、二十七〔日〕是令我難忘的日子。它是我上國中後第一次的校外教學，參觀地點是九族文化村和臺中科學博物館。盼了好久，終於〔盼〕到了這〔一〕天。

我們先到台中科〔學〕博〔物〕館，〔首〕先參觀了「太空劇場」，〔。〕〔在〕太空劇場裡有一個像大蛋殼一樣的放映螢幕，人橫躺在椅子上，看著那個螢幕，那種逼真、壯觀的感覺〔，〕令人印象深刻。

△很像一伸手就可以捉到似的「立體劇場」，寫得簡短有力。

△在「九族文化村」的「金礦山」和「夏威夷巨浪」，玩過的人，相信終身難忘。其緊張、刺激的情形，如果要描寫那可長了，但宜蓁卻用三、兩句就把精華重點抓了出來，技巧真是不含糊。

△寫完了四項戶外教學的點滴，最後以要點歸納——科技的神

再來是立體劇場，戴上特殊的眼鏡，可以看到立體的影象，且景物感覺離我們很近，好像一伸手就可以捉到的樣子。

第二天到九族文化村，首先，先玩了「金礦山」，有兩次開到一個高點，突然往下滑，濺了我們一身水花。再來是「夏威夷巨浪」先爬到最高，再快速往下，之後再向上、向右、向左等傾斜，使我覺得整個人好像要飛起來，摔出去的樣子，整顆心就像要跳出來一樣，非常刺激。

這次校外教學，使我了解一些科技的神奇，和原住民的文化，使我獲益良多，希望有機會還能再去。

奇；補充敘述——原住民文化，作為結語。是另類的作文方式。

總評

△這篇生活遊歷的報導方式，是一般同學最常使用的作文寫法。首先寫日期、地點、去前心情。接著按時段順序，分段寫出各時段印象最深刻、最值得報導的事情，通常寫個三、四段爲宜。最後加上一段感想、啓示，或整個行程的收穫。親愛的讀者看了這篇報導，相信會覺得像吃了一道清爽可口的點心或小菜。

眉批

△古今對比，寫出這次戶外教學的特別，活現了開頭的多樣化。

△「鏡框式」的寫法，是報導文學經常採用的寫作方式。其要領是兩頭寫「現在」，中間幾段寫「過去」，文章的重點也在這部份。

戶外教學的點點滴滴（二）

鄭安婷

【題話】

有些百花齊放的作文題材，如果只選一篇做批改範例，實在有「遺珠之憾」。所以我又另選一篇風格完全不同的作品，供您欣賞。

我們眞是幸運，以前聽哥姊們一年級所辦的（郊遊、）旅行，幾乎都是一天玩完，下午就回來了，沒想到我們居然還在外住宿，眞是新鮮。

在旅行（中，）最令我記憶深刻的，是晚上住飯店。那天我們（六人）爲了無法將水龍頭式流水（，）改爲沖浴式而傷腦筋。後來我自告奮勇去調，沒想到一不小心「哐啷」（一聲）；聽到這聲音我想（心：）「完了，水龍頭被我拔起來了。」我緊

△「過去」的第一句話，不外乎是「記得」、「想起」、「回憶起」、「印象最深刻的」等。安婷寫來不露痕跡。

△有事故，沒後果，因此補一句「水噹噹」美女，呼應「大刺刺」。

△如果能再描繪「金礦山」緊張、刺激的場景，會更有看頭。

△「小題大作」也是作文的一種技巧。為了營造歡樂的氣氛，可以適度的誇張譬喻——像「瘋女」、「非洲難民」等。

△「點滴」嫌少了些，

張閉眼睛，忽然一股冷水從我頭上大刺刺的「走過」，我才驚訝的發現，經我蠻力一扭，水已經乖乖的跑到上段沖浴式啦！走出浴室，大家都笑我是「水噹噹」美女。

第二天去九族文化村玩時，「金礦山」遊樂區令我最無法忘懷，因為排隊排最久，玩時由上頭直衝而下，水花濺濕了我滿頭滿臉，下來時，看起來就像沒付錢給洗髮店就跑出來的人，狼狽極了。

中午吃飯時，我們班先進去添飯，手忙腳亂的時候，真恨自己沒有四隻手，當時鄰桌看我們大呼小叫那裡多一碗，這裡少三碗時，還好奇的看我們呢！

雖然戶外教學有很多令人捧腹大笑的點滴可以寫，

可利用末段再補充些逗趣的事項。

不過我想選（挑）二、三樣出來寫應該就夠了，畢竟真正的快樂是要大家自己去體驗啊！

總評

△同樣的行程，同樣的由林老師引導寫作，但兩篇的寫法卻截然不同，這就是創意教學的宗旨，也是創意作文有別於傳統作文的地方。

△首尾兩段寫來眞情自然流露，不矯揉造作，是優點，但猶覺得深入性不夠。

眉批

△一開始就引入正題，由正題帶進回憶，手法真是乾淨俐落，令人不想看下去也難。

△寫文章不必太武斷，要留些餘地，所以要加「幾乎」或「也許」等。

△加「為我」是給後面三個地方有個交代：

1.「我心底有一股榮

電腦（感性的生活散文一）

謝天祐

【題話】

生活周遭常常可以看到感性的生活散文，讀來不但溫馨，而且心裡甜甜的，很是感動人。我把這份感動與同學分享，並和他們一起創作幾篇「感性的生活散文」。

在客廳的一個角落，放著一台電腦，〔這是〕一台又髒〔土〕又亂、功能不齊全的舊形〔型〕電腦。一天，我走進客廳，看見了它，心底突然湧起了許多回憶……。

想起小時候，當時在落後的村莊〔裡〕，〔幾乎〕沒什麼東西是很先進的。有一天，爸爸突然〔為我〕帶回來了一台電腦，並拿了許多的磁片，在爸爸的細心裝置下，它很快的可以開始正常運作了〔。〕我當時心底有了一股榮耀〔感〕，因為這可能是

耀感」。

2.「使我的第一台電腦漸漸的落後了。」

3.「這台電腦蘊藏了許多父親對我的愛吧！」

△電腦被閒置的理由、不想丟掉的原因，寫得清新自然。

△撒謊的原因，是全文的重心，也是最感性的地方，所以要另成一段。其作用是利用獨立成段，增強其份量，好作為結束。

小村莊中唯一的電腦呢！

這台電腦陪我度了許多休閒的時間，現在為了需求，家裡增添了許多的新形電腦，與許多的週邊設備，使我的第一台漸漸的落後了，但我捨不得丟掉，好幾次媽媽都問我為什麼，我回答說：「還可以用。」其實我撒了個小謊，一個為了保護電腦的善意的謊言，真正的原因可能是這台電腦蘊藏了許多父親對我的愛吧！

總評

△第三段和電腦互動的情形，稍嫌薄弱，若能添加一些內容，可使末尾的抒懷，

更具有合理性。

△標點的使用，不夠用心，所以使文章遜色不少。

眉批

△「結果」、「這位」皆是贅詞，寫了等於白寫。

△餐廳人多，菜不一定「多好吃」，只是「吸引人」而已。

△過程不同，又有感懷時，可獨立成段。

△菜是用「菜單」「點」的；飲料、酒等菜單上沒寫，所以是另外「叫」的。

上館子（感性的生活散文二）

韓　群

【題話】

每個人都上過館子，除了菜要好吃以外，你有沒有注意到菜名，以及每道菜的特色？本文就注意到了。

前幾天，在臺北的姑姑來屏東出差，結果爸爸為了觀迎這位客人，決定帶我們到天興樓吃飯。

我們到了餐廳，發現那裡人山人海，好像「吃飯不用付錢」一樣，可見那裡的菜有多好吃呀！我們點了牛肉捲餅、鐵板牛柳、五更腸旺、烙餅……等各種好吃又下飯的菜，爸爸還另外點了一瓶臺灣啤酒，其他人的飲料則是綠茶和果汁。

△「牛肉捲餅」經你這樣一渲染，看了不流口水才怪！

△「不知道為什麼會這麼辣」的辣椒，難怪吃起來會「大呼過癮」，妙句。

△急轉直下，談到餐廳裡的「吵」。把國人在公共場所的通病，批評得入木三分，很有一語驚醒國人的氣勢。

第一道菜終於上了，是牛肉捲餅。酥酥的皮加上鮮嫩多汁的牛肉再加上他們那特調的醬汁，簡直是人間美味。後來第二、三、四……道陸續上桌，其中又以五更腸旺最好吃，那裡面的材料有豬血、豬腸、柞菜和一些「不知道爲什麼會這麼辣」的辣椒，吃得我們大呼過癮。

不過，臺灣的餐廳眞是「名副其實」的「吵」，不但每一個人都大聲喧嘩，而且，最誇張的是……居然有人在划酒拳，眞是搞不懂，他們把自己弄得醉醺醺就好了，爲什麼還要影響別人呢？他們覺得這樣很光榮、很偉大嗎？

△最後以「提出精義法」作結。提出發人深省的警語——台灣觀光客不被外國人歡迎的原因。

這一次上館子，不但讓我打了牙祭，祭了自己的五臟廟；最重要的是，也讓我了解（見識）到爲什麼外國人這麼討厭臺灣觀光客（的原因了）。

總評

△一般人上館子只知道菜好吃就得了，那能記得什麼菜名。韓群卻與眾不同，不但知道這麼多的菜名，而且每道菜的特色，寫來如數家珍，好難得！

△寫作此文的最大用意，該是喚醒國人重視餐桌上的禮儀，令人感佩。

課文名言佳句啓示錄（一）

劉若梅

【題話】

國中三年從國文課本上讀了近百篇的好文章，能在作文中學以致用的不多，尤其名言佳句不曉得怎樣應用，所以設計此作文教學。本教學設計還曾榮獲教育廳的「優異教學技巧」獎。

眉批

△以寫作本文的緣由作為開頭，是破題的要領之一。

△以轟動全國的陳進興案件，作為「今天姑且做一次，明天不做了。」的例子，很能學以致用。

自從進到國中，我第一次體會到這本由國立編譯館主編的新教材，也就是我們的國文課本，居然有那麼多的名言佳句，使我從每一課的課文中領會出其中的啓示及對它們充滿了豐富的情感。

在第十二課從今天起的第二段中「今天姑且做一次，明天不做了。」這一句名言，使我感受非常深。因爲這句話使我想起了此次花費了大批警力和時間的白曉

△陳進興是十惡不赦的罪人，若能再多加警惕世人的話語，效果會更好。因此老師加了一句。

△借用別人的名言（不管別人是否真的有說過），來補充說明，或強調課本佳句的涵意的作法，也很管用。

△這段名言，有二種含意，分析得很透徹。末了還借用名言「施比受更有福」來激勵大家實踐，筆鋒著實犀利。

燕命案，主嫌陳進興在做案時，可能心裡也是想著這句話，使得自己（一次又一次的）包庇了自己的過錯，所以至今他才會犯下了無數（次）的強暴案、殺人案。這就是常常原諒自己過錯的下場。

在第十三課裡有一句佳句：「只要每一步都走得穩妥，必定可以步向成功的坦途。」它的含意使我深感其（同身）受。有人說，（：「）成功這條路，步步難行，經常會糟（遭）遇種種挫折。（」）所以我認為，（：）只要踏踏實實，不投機取巧，必能有成功的一天。

「大家都知道，被人關心是很幸福的，而有餘力來付出關心，正表示自己的胸懷千里。」此話眞是言之有理，關心就像是一座不管是友情或（及）親情的橋樑，關心自

△一堂作文課上下來，一舉三得，作為上後感想。若梅真是心細、認真的可愛好女孩。

己，可檢討或勉勵自己，關心別人，可增進社會的和諧，如此獲益良多，那我們又何不親自悟出「施比受更有福」的道理呢？

這堂作文課，不儘學到了那麼多的名言佳句和啓示，而且還可以在寫作時多加利用，則啓示還可以使我們瞭解更多做人處事的道理，這麼多的好處，還要多謝老師呢！

總評

△中國人有句話說：「無三不成禮。」換言之，有了三便心滿意足。選錄三則名

言佳句來分析啓示，可以稱得上不多也不少。只是本文所選錄的名言佳句，雖句句精選，但不屬長篇大論型，因此讀完本文後，便有意猶未盡之感。所以老師認爲：在三則分析完後，加一段如：「課文中的名言佳句實在太多了，例如『……』、……等，但限於篇幅、時間，只能忍痛割愛了。」若如此表白，「意猶未盡」的感覺，也就因而釋懷了。不是嗎？

課文名言佳句啓示錄（二）

鄭安婷

【題話】

安婷所選錄的和若梅完全不同，所以特別加此範例，供大家欣賞比較。

今天老師出的作文題目實在（覺得）有點困難，因爲！我很少會去認同課文的內容啊！要是今天老師出的題目是評論課文，我也許沒幾下就寫完了吧！嘿嘿～好，找到一句了：「結了一層又一層厚厚的繭，凍開了一道又一道深深的裂痕，母親這樣厚實的一雙腳掌，抗拒了多少歲月的霜寒啊！」

我認爲這句話很令人感動，完全將母親堅毅耐勞的

眉批

△因為安婷課外讀物看得很多，所以很自負的不太認同課文的內容，作為「開場白」。

△「～～」是妳發明的標點符號，意思是「重複N次」對不？

△此佳句是描繪母親不畏霜寒，仍然下田耕種的辛苦人生。的確選得很有眼光。

△用「堅毅耐勞」四

字，準確的說中了整段佳句的精髓，見解高明。

△由醒著的「綠色小河」，想像成遊走的小精靈，好天真無邪，又富聯想力。

△人與自然的融合，不是一般不愛讀書的青少年所能領悟的。

△「不食人間煙火」的純真，猶如瓊瑤筆下的女主角。

性情表露無遺，教我既欽佩又感動。

還有句是：「只有綠色的小河還醒著，低聲地歌唱著溜過彎彎的小橋」。

這句讓我感受到彷彿有一個小精靈遊走於那小橋邊嬉戲。給人猶如一股清流環繞在心裡，很清新又舒暢。

「林間樹梢上顫動著蕭颯的風聲，飄下一股爽朗的涼味」。

這一句使我感受大自然的恩賜，那涼快的意境令人想到不禁也如同處身於裡面，舒適無比。

雖然說我沒有寫做人處事的道理，不過我認為那煩雜的人際關係不寫也好，畢竟看太多，心裡是無法產生

△對於「人生哲學」的看法，倒是滿有自我的主見，盼望妳繼續鑽研下去，或許將來會更成熟、更精闢。

的。我認爲：

體驗、

多少認同，那眞正的人生哲學，是要自己在生活中思考

、發現，而不是由作文中來給你，不過我想也許有些事還

求來的。　，　等我長大了，

自自然然的、從寫作中，會、去領悟

是要先從書中帶領我去發現吧！

總評

△所選錄的名言佳句的意境，和若梅的完全不同。此文的較柔性、感性，寫出的啓示抒情味濃郁，如果文學底子不夠深，是無法如此表現的。

△不寫「做人處事」的理由及「人生哲學」的看法，思維不夠成熟，所以修改的地方比較頻繁。不過小小的國一學生，有如此表現，已經很令人激賞了。

眉批

△「爸媽請聽我說」是篇感情訴求的文章，所以在寫作時，說理要客觀，語氣要委婉，感情要真摯，才能打動爸媽的心，進而使爸媽認同妳，支持妳。往後各段都可以此標準檢視。

△第一段缺少訴求，故加「公平嗎？」

△「爸媽請聽我說」句子底下的標點作用是

爸媽請聽我說

李悅嫥

青少年事件為什麼層出不窮？最主要的原因是年輕人的心聲，沒辦法讓父母了解。因此利用紙筆談心是最好的方法。

爸媽請聽我說，（：）在家我是排行老大，弟弟雖然比我小三歲，但他今年也四年級，可以做許多事了。在家，（許多事情）卻常常落到我手裡，雖然，有時你們會叫弟弟幫忙，但大多時間還是我一個人獨自完成（，請問公平嗎？）。

爸媽請聽我說，（：）弟弟現在也長大了，他有他自己的主見，有時候我會因他的錯誤有對他有所批評，但是，你們卻不淮（准）我這樣說弟弟，我覺得非常（的）不公平，（。）弟弟的

提起下文，所以用冒號（：）較貼切。

△「手心手背都是肉」，孩子在父母心中都是心肝寶貝。只是照顧起來，有時候不能面面俱到，這時候做子女的若能多體諒父母難為，也就自然釋懷了。

△一般父母親裡頭，也許有「重男輕女」、「重小輕大」的觀念。如果真有此觀念時，做「女的」、「大的」便要多費心與父母溝通，用真誠去感動他們。

△說話句結束時，要先句號（。），再關起來（」）。

行爲本來就不對，你們爲何不糾正他，反而反過來責備我，難道你們爲了祖護弟弟而不關心我的感受？而且有時候，我改〔糾〕正他的缺點時，他卻一副不領情的樣子，你們難道不會提醒他一下嗎？只〔有〕一個藉口：「他還小，你在〔要〕體諒他」，〔。」〕對於弟弟的缺點，爲什麼這樣放縱，這點讓我感到非常不能接受的，〔。〕因爲這不是愛他，而是害他呀！

爸媽請聽我說，〔：〕雖然你們在我的功課方面不會施加壓力，不像有些同學的父母在他們的孩子功課上帶來許多困擾，〔。〕但是從小你們就一直規定我要達到某個程度〔標準〕，這在無形中就讓我感到無限的壓力，我覺〔得〕非常的痛苦。你們知道嗎？所以我希望你們能留給我一個自己發展的

△父母適度輔導、要求子女的功課是必要的，但要合情合理，才能獲得雙贏。如果要求過度時，雙方要心平氣和地溝通，尤其是做子女的，如果一味的賭氣、使性子，反而會把事情鬧得更僵。

△未滿二十歲的青少年，父母是法定的監護人，他們有責任負起管教的權利、義務。如果做子女的身心成熟，行為合度，父母信得過，自然會減少對妳的「唸東唸西」。所以要父母不「碎碎念」的最好方法，就是自我要求行

空間，我一定會把自己的功課管理好的，（請相信我好嗎？）

爸媽請聽我說，（：）我已經長大了，不再是你們眼中無知的小孩（子）了，我能自己安排時間做自己的事，希望你們能夠知道，而不再對我唸東唸西，我知道你們是對我好，深怕我管不了自己而驚慌失措（誤入歧途）。但是，希望你們能相信我，還我一個自由發揮的空間，而不再讓我天天在（生活）約束下生活。（，可以嗎？）

爸媽請聽我說，（：）也許你們會發現最近在管教我時，我很容易對你們回嘴，但希望你們能夠多替我想，我正處（在）青少年時期，對父母的約束往往不能容忍（，進）而對父母的管教不理不睬，（。）請你們能體諒我的心情，從今以後，我

為像個好孩子。

△許多青少年常找藉口來粉飾自己的錯誤，把過失合理化。例如頂撞父母，說成「青少年反叛期」的自然反應；飆車吸毒是為了發洩內心的「不爽」。這些，妳該不會認同吧？要父母少管孩子，前提是孩子能自動自愛。

△居然知道爸媽比別人的父母更愛你、更照顧你。萬一有一天爸媽大聲罵妳時，妳可輕聲細語、心平氣和的說：「媽（爸），我心裡知道你愛我，但不要用罵的好嗎？」

△前面提了這麼多的訴

會好好控制自己的脾氣，不讓你們更生氣。但也請你們多尊重我一點好嗎？

爸媽請聽我說：從小你們比別的父母更愛我，更照顧我，雖然有時候會很大聲的罵我，但我心裡都能知道，你們是爲我好。從現在開始，我一定會讓自己更懂事，不再讓你們和從前一樣操心，也希望你們今後不要用罵的，多留給我一點自尊好嗎？

爸媽請聽我說：在前面提到許多我覺得不公平的事，希望你們能夠站在我的立場想想。你們照顧我的恩情我會永遠惦記在心上，我會自己管好自己，不再讓你們煩惱擔心。請相信我吧！我一定不會讓你們失望的。

求，到最後一段又再提：「希望你們站在我的立場想想。」父母看了心裡多少會覺得妳只會單向要求父母做什麼，而自己卻不知道雙向給父母一點「放心」，所以末了老師加了二句來補強，並作為完美的「句點」。

總評

△軍中有句名言「合理的要求是訓練，不合理的要求是磨鍊。」父母要求長女通常是比較嚴格的，有天妳做媽媽時，將會體諒此時父母的苦心。如果妳多記些爸媽的優點，相信不滿的情緒，也就會自然消失了。

△這麼多的訴求中，有部份似乎是同類型的，所以可歸類在一起，免得讓爸媽看了抓不到訴求的重點。

△每個訴求的最後一句話，最好應用設問法，其作用是容易與被訴求者產生共鳴。

蘋果（水果的新詩一）

簡宜蓁

【詩話】

上完了第二冊第四課余光中先生的「車過枋寮」「討論與練習」欄中有一題規定：至少寫一首台灣出產的水果新詩，因此陪同學遨遊新詩王國。

圓圓的蘋果高吊在樹上，
像一盞盞漂亮的小燈籠。
青青的小草羨慕的仰起身[頭]看，
圓圓的臉羞得紅通通，
綠綠的葉子輕輕遮住了她，
忽然，
風打了一個[大]哈欠，
「咚！」[連]屁股也變紅了！

賞析

△蘋果樹結果時，一顆顆高掛在樹枝上很像一盞盞的小燈籠。任何人看了都會喜歡。作者藉著滿地小草的羨慕眼光，羞得臉紅通通的，好心的葉子趕忙為她「遮羞」。這時，一陣大風吹來，熟透的蘋果，「咚」的一聲，連屁股也跌紅了。

詩評

△將蘋果的紅色，藉由害羞、捽紅來表達，聯想力豐富。

賞析

△第一句是後二句的果，所以標點是「；」。

△「裏」的意境比「包」更傳神。

△前三句是寫外形，後三句是寫鳳梨受到人們喜愛的原因——因為它象徵「旺來」。

△末句不夠直接了當，改後更有詩味。對否？

鳳梨（水果的新詩二）

李悅婷

鳳梨是個怪僻的人，
成天將自由包得緊緊，
也天天扳著臉孔，
可是奇怪的很，
人人都知他有顆酸甜的心。
還當他是招財的象徵
旺來——。

【詩話】

鳳梨的造型非常特殊，台語的名字「旺來」也很吉利，這是寫詩的好賣點。

詩評

△利用鳳梨的外形和俗稱，寫成了這首逗趣有加的水果詩。尤其是末二句的反詰，更是詩的精髓。

葡萄（水果的新詩二）

鄭安婷

青春的碧玉，
青青的球；
紫紫的水晶，
紫紫的珠；
粒粒晶瑩又剔透，
酸甜滋味在口中，
詩意盎然在心頭。

【詩話】

看過葡萄的人，相信很少人不會被一粒粒成串的葡萄外型所迷惑，讚嘆造物主的神奇多變。

賞析

△青色的葡萄像碧玉；放大後，更像圓滾滾的球。

△紫色的葡萄像水晶球，像手腕上的串球，在陽光下、燈光前，粒粒都是晶瑩剔透的。

詩評

△全詩朗誦起來，詩句像音符般地，很有節奏的在牙齒的鍵上跳躍。腦海裡所湧動的都是一粒粒的碧玉、青球、紫晶和串珠，口中有酸甜的滋味，內心深處更有無盡的盎然詩意。

賞析

△利用火龍果的外觀，紅色像火焰，火焰之間是青邊，看似由內燒到外，活像脾氣暴躁的傢伙，誰又能知道，它的內在卻是純白加柔嫩呢？

火龍果（水果的新詩四）

鄭安婷

紅紅的火~~炎~~焰，
青青的邊；
由內燒~~在~~到外，
○○○○○○○
看似暴躁的傢伙，
○○○○○○○
實則心中白又柔。

【詩話】

水果中外觀最炫、最新潮的，要算火龍果了。不信，請看本詩。

詩評

△整個火龍果的特色，只用了五句詩句，就涵蓋了一切，多棒的筆觸啊！而且詩句的韻味和節奏感，更是可圈可點。

我最像什麼水果？

蘇妶稆

【題話】

寫完了水果詩，同學對於水果更具好感，所以更勁爆的讓同學動動腦：自己像什麼水果？

四周洋溢著誘人的香味，我當在找尋發出香味的來源時，猛然發現有一顆透著粉紅色，而且帶點優雅氣息的水蜜桃。

很幸運的，我的神祕分身，也就是那個許多人聞到就會迷戀的水蜜桃。我媽常和我那可愛又帶點稚氣的妹妹說：「妳要好好向妳姊姊學習，她啊！時時刻刻聞起來都是香的，即使流過汗再聞，也是香的。妳呢？常蹦蹦跳跳的，所以大部

眉批

△很特別的開頭，真是引人入勝。

△「很幸運的」表示自信、順勢。

△說話句該加「」號。

△「無時無刻」是「沒時間」意思反了。

△不同人的說話，最好另成一段。

△反覆剖析自己像水蜜桃的原因，語氣中肯，其實，令人不能不信。

△即使再會臉紅，若沒「彈指可破」的臉蛋也不會像水蜜桃。

△「總而言之」是論說文口氣，改「總之」則較抒情。

分聞起來就比較臭。」〔分段〕而我班上的同學，只要一靠近我的第一句話〔就〕是：「妳有沒有擦香水？」為了這事，我〔不〕知和多少同學解釋〔過〕自己絕對沒有擦香水的原因了。如果不相信，要不，你來我旁邊聞聞。

感覺彈指可破，而且透著粉紅色的最佳代表水蜜桃，我怎麼〔會〕像呢？〔有時〕我一緊張，就像腦充血一樣，感覺全身似乎在烤箱中，可想而知，那時的臉一定是滿臉通紅的〔；〕當我笑得很興奮的時候，臉也會染上一片紅潤。總而言之，我是超會臉紅的，〔加上我這晶瑩剔透的臉蛋兒，〕所以理所當然〔的〕是我像粉紅水蜜桃的原因了。

甜甜的水蜜桃，是我愛吃的水果之一，它盛產於日

△幾乎很少人會想到自己像什麼水果？竟然拿來寫作文，實在有夠特別好玩。寫起感想來，感觸特別多。

本，但並不代表我是日本人‖，我可是道地的台灣土產。

想想自己像什麼水果？其實是一件很快樂的事‖，。平常不（沒）有想過這個問題，經過反覆的思考這奇特的問題，（後）你會想到另一個自己，說不定，自己沒有（從未）想到原來自己是這樣的特別的人。水蜜桃，我很像（妳！）喔‖

總評

△好可愛的「水蜜桃」令人讀後好想靠近妳身邊聞一下，是不是眞的如妳所說那麼的芬芳迷人。

△譬喻法的作文題目，最重語氣中肯誠摯，比擬殷實可信，妳豁的表現值得喝

采。

△美中不足的是，倒數第二段只談到水蜜桃的產地，而忽略了她的內涵和特性，令人有意猶未盡之憾。

（本文作者係現任屏東縣長蘇嘉全先生的大千金。）

眉批

△作文一開頭，就點出從小對動物的「惡劣」印象，和一般人看到動物就大叫「好可愛」，形成強烈的對比，很吸引人。

△句子敘述完整時，記得要使用句號(。)。

△雖然不喜歡動物，但用動物來形容自己，卻覺得很新鮮，這種引題方式，頗具創意。

什麼動物最像我？

劉若梅

【題話】

很多人喜歡用動物罵人，比喻人；相反的，把自己比喻成動物，一定非常好玩！

從小，我跟動物之間的關係，只能用「惡劣」來形容。平常看到動物，老聽到別人興奮的大叫：「好可愛哦！」我的第一個反應，永遠覺得動物和「可愛」這個名詞，根本八竿子打不上關係。不過，要用動物來形容自己，倒令我覺得很新鮮。

如果以整體來說，我認爲我最像「牛」，別的不說，光是那股頑固難治的牛脾氣，什麼動物都比不上。平常對任何事都

△「牛脾氣」、生肖「屬牛」、外號「牛肉麵」等自我調侃的寫法，讀之令人莞爾。

△至於吃和「牛」性，則和前面不僅內容不同，連筆法也截然有異，所以要另成一段。

△「不敢自居」文意上雖無不對，但沒有「恭維高攀」來得更適合前面的幽默筆法。

△用金氏世界紀錄來誇大自己的「超懶」，真是聳動驚人，最後才殺出「豬」字，更絕！

△全段只談到一個「懶」字，並沒有「幾

很固執的我，更是巧得連生肖也屬牛，就連外號也被掛上一個「牛肉麵」的封號。當然，在吃的方面，牛肉、牛排更是我的最愛，不過，要說到牛勤奮努力的性格，我可就不敢自居。（分段）（恭維高攀）（了）

我的日常生活，常常是能懶則懶，只要有機會，絕對不會放過，可謂「世界超級大懶人」，要不是金氏世界紀錄沒這項，可能我會被列進吧！光憑以上幾點，不難看出，豬在這方面最適合形容我了。（在）（裡）（有個目）（否則我）（早已）（入紀錄了）（的事蹟）（也）

也許從表面上看不出來，我是這樣的一個人，不過，「豬」和「牛」，的的確確是我的最佳寫照。我想，很少人會把自己比成什麼動物，再怎麼說，人類也（貶）

點」，故需修飾。

△第二個「像」，該加個「也」字。

△從本文用字的婉約、犀利，很難使人相信作者有這麼重的「牛」性」和「豬」性。因此，最後再度提醒讀者不要被外表蒙蔽，也沒人會自貶身價來作為前面立說結語，功力委實高超。

是萬物之靈嘛！

總評

△若梅是個懂事、乖巧、勤奮的好女孩，居然以反諷的筆法寫成此文，一路「讀」來，嘴角是微笑的，眼眉是飛揚的。

△表面上看，這篇文章是幾近「醜化」自己；其實再深入研讀下去，不難發現作者的自我期許很高。

△全篇結構嚴謹，文意清暢，唯標點、文句修飾方面尚待加強。

眉批

△「大姑娘上花轎」當記者是頭一遭，當然特別興奮。

△被訪問的人宜改寫到第二段，剛好連成一氣。

△我們常羨慕「大人物」的子女很好命，沒想到有這麼多的煩惱。

作文課像記者會

（當小小記者）

周美君

【題話】

每次看到「記者招待會」的盛況，及記者們的神氣活現，相信大家心中會有想當記者過過癮的念頭。這次作文課，就讓同學「爽一下」吧！

今天上作文課要能開記者會。哇！這眞是作夢也想不到，十分特別，讓我當上小小記者，挖別人的祕密，令我十分痛快。而今天所要訪問的特殊的「大人物」是縣長的女兒。（移到第二段前）

而兩位「大人物」的芳名是，姊姊依諮、妹妹依瑾，就讀道明中學，一位三年級，一位一年級。她們就讀道明中學是因爲怕大家都認爲縣長的女兒有特權，能選老師、

△有沒有保鏢？父母怎樣結合的？管教嚴不嚴？……都是我們很想知道的。美君一一寫出來了，只可惜沒寫得很精彩。

△東一句、西一句，看起來就沒頭緒了。

△本文的重點是在兩姊妹身上，好在有這段讓讀者過癮。可惜，介紹得不夠多。

好班，爲了避免大家說閒話，所以選擇道明中學，但又怕別人說不肯定屏東的學校，眞是左右爲難，如此，我覺得當個小老百姓也不錯，沒有這樣的苦惱。

在家庭方面，我本以爲，她們都有貼身保鏢，這是出乎我意料之外，沒想到跟平民百姓一樣，而她們的父母親認識的經過。母親是警察大學畢業，曾經學過柔道，因此管教她們比較嚴，而父親較忙，對她們很溫柔，不會很嚴格，父母親經親戚介紹，而結合，家庭十分美滿幸福。

兩姊妹都十分活潑開朗、健談，不會因爲自己身分特別而驕傲，擺出大小姐的脾氣，零用錢和飲食方面和

△末了該寫些當記者的滋味，和對「大人物」子女的觀感。

△「恍然大悟」些什麼？沒交待清楚，所以老師加了一句。

我們差不多，零用錢可能還比我們少。姊姊還從五十六公斤減到四十七公斤，眞是不可思議，現在變得漂亮又大方。姊妹倆和平常人大同小異，功課、人品方面都不錯。

經過這次作文課，使我嘗到當一個記者並不是那麼容易，必須口齒伶俐，發問別人所想不到的問題，才算好的記者。也了解到她們的生活是和我們差不多、有些壓力；○○○○○○○○。才是我們所沒有的；在這之前，一切都是新鮮而特別；在這之後，才令我恍然大悟——當「大人物」的子女，不見得好命。

總評

△美君：訪問時，妳很認眞「速記」；寫作時，也很專心「布局」，所以才寫得這麼詳盡、條理。美中不足的地方，是標點符號沒掌握好。

眉批

△一開頭用過去的不費吹灰之力，和現今的「踢到鐵板」作強烈的對比，很具吸引力，是很有震撼性的破題法。

△下半段和前半段敘述內容不同，應該分段。

△成語測驗不宜用「寫」，是「作答」。

△一句中最好不要重複用同性質的字，如

向「成語」挑戰

周美君

【題話】

作文中活用成語越多，作文便更棒，因此向「成語」挑戰，是促進作文進步的好方法。

過去成語對我而言，不費吹灰之力，就能一一答出，沒想到今天卻碰了一鼻子的灰，踢到鐵板，才真正了解到什麼是成語的精髓所在。老師繼上次經驗用「成語七十二變」來考我們，班上不免傳出一片哀嚎，老師卻樂在其中，今天又要讓我們好好的腦力激盪了。

在寫的過程中，也可以從這本測驗本中，更了解成語的千變萬化，和層次程度不同，由淺至深，使人抓不

「中」字。

△作者本意是難題不會寫；可是文意表達的是全然不會，所以要修改。

△名句引用不甚貼切，改後是不是更生動些？

△此段名言、成語引用恰當有力，值得嘉許。

著頭緒。還好，今天老師「手下留情」，第七十回的選擇成語填空不是很難，馬馬虎虎能應付，但有些成語似曾相識，左思右想，忽然「山窮水盡無疑路，柳暗花明又一村」被我想出來了，例：放浪行「骸」，在思考過程中令人一個頭二個大，但想到時，那種高興真是筆墨無法形容。

在這之後，漸漸越來越難，尤其是「安」字的成語，更是丈二金剛摸不著頭腦。考五十題，我才會十幾題，即使絞盡腦汁，還是前功盡棄，但是第七十回、七十一回幸好能扳回一點面子，否則真是臉上無光。

經過這次課程，更使我了解到成語的重要性，過去

△了解成語的重要、缺失，以及不是一蹴可幾作為結論，立意很好，只是寫來火候不夠老練，盼多揣摩老師為何如此修改。

老師說我的作文雖有用些成語，但也總是缺了十筆（少臨門一腳的功夫），因此，（覺得）成語好並不是一夕（之）間所致（能達成的。），有句話說：「羅馬不是一天造成的。」基於這句話，成語變成了（我長期性的）挑戰，但這也（這挑戰）是不容易（不是一蹴可幾）的事，必須用時間、用心（思才能）戰勝這點（它）。

總評

△從輕忽成語到重視，從「山窮水盡」到「柳暗花明」，從被折磨到向它挑戰，反覆寫來，條理不亂，繁而不雜。

△全篇所使用的成語、佳句，不但多，而且貼切有力。尤其沒出現錯別字更難得，可惜「也」字用得欠妥。

△前面三大段都寫得穩當當的，可是很重要的末段卻欠缺穩住全文的期許和啓示。經老師這麼一修飾，妳認爲情形有沒有改善？

眉批

△冬天吃冰——反常；忽然有冰吃——更反常。

△「沾沾」自喜：指一點小成就，而「欣欣」是高興的樣子。

△冒成「三條直線」，是自創的詞語，要加註解，讀者才容易了解。以上下句的意思，老師猜是不是「因老師忽然請吃冰

吃冰的滋味

謝明謙

【題話】

國文課本第二冊第十三課「吃冰的滋味」，上完課後，同學們覺得體會不出冰的滋味，所以我請他們當場吃冰，寫「吃冰的滋味」。

一覺醒來，颱風尾所帶來的後勁，襲來了一股涼意，令人直打哆嗦！

「各位同學，今天老師請客，請吃冰！」我看見國文老師臉上露出笑容，欣欣（沾沾）自喜。（原來）老師的書獲得了國家的肯定（而得獎），才會高興的掏腰包。但老師臉上的笑容，正與我臉上不知從何冒出的「三條直線」形成強烈的對比。

一枝枝（支支）的甜筒，從透明的「布幕」中跳了出來，看它們

而驚愕得睜大眼睛，使額頭上皺了三條紋路」？（編輯按：作者是受了卡通「櫻桃小丸子」的影響，用三條線表示尷尬之意。）

△未動口前，先觀察甜筒的外型：

——透明「布幕」：指塑膠袋。

——艷麗外衣：甜筒冰的外圍包裝。

——「慶生帽」、「麥克風」、「金字塔」等甜筒的外型，譬喻逗趣極了。

△「冰吃到肚中」的誇飾有夠炫！

△開始動手要吃前的發現，描繪得令人口水

一枝枝穿著豔麗的外衣，一會變成慶生帽，一會變成麥克風或路障或是高聳的金字塔，玩得不亦樂乎，似乎毫不知情，待會它們將跌入萬劫不復的深淵中，摔落深不可測的黑洞裡。

撕開那豔麗的包裝，看著那黑白分明的冰淇淋直立在黃色格子狀的脆餅上，令人猛吞口水，忍不住的，直見黃河氾濫，連牆都擋不住。（分段）看著冰從堅固的外表，快要變成其溫柔似水的內心，我已顧不得颱風尾的肆虐，只想趕快把那冰涼透頂的甜筒送進去我那熱情如火，沸騰已久的「小」胃裡。（移前段）

一口一口的冰進入我的嘴巴，滑著比八仙樂園還刺

直流。

△脫掉「外衣」後，冰慢慢溶化，看得想吃的心理，描寫得好逼真。

△從想吃，到一口口進入嘴巴，動作有連續性，故可合成一段。

△冰的種類介紹，和前部份截然不同，因此要另成一段。

△其實不是「防空洞」，而是「防熱品」。

△前面寫夏天，這兒要寫冬天，何況後面還有一大段「論點」，因此可以另成一段。

△「肥胖的殺手」指「減肥」。「肥胖人的殺手」：「更胖」。

激的滑水道滑進沒有出口的黑洞裡。冰永遠都吃不膩，從早期的剉冰、四果冰及八寶冰，到現今的綿綿冰、雪花冰、甜筒及各式各樣，新奇有趣的冰品，不禁令人口水猛吞，「ㄟ……」別吞啊，別忘了，剛剛那些小冰人還在黑洞漫遊呢！

冰，是夏天的救火員，它把太陽所施的酷刑加以化解，提供了人們的防空洞，令烈豔無法侵襲，在冬天，它讓你想起了夏天，想起了夏天的溫暖，夏天的容貌，冰，冰，冰，你究竟是何物？你為了什麼來到了人世？喔！別忘了，冰也是肥胖的殺手，別吃太多喔！

P.S恭賀老師的作品受到肯定，也希望老師下次得獎

△「摳」——是指「吝嗇」。

時，能別再那麼「摳」！

總評

△明謙！你沒聽說過：秀才人情一張紙？何況因老師請吃甜筒，讓你寫成了這麼幽默、逗趣的好作文，價值可說是「連城」吔！

眉批

△首先該交代為什麼忽然會想寫「焢土窯」的理由，作為開頭。

△題目帶入作文後，接著寫「記得在……」的特殊往事，此種寫法自然易寫。

△茭白筍、青椒等菜

童年往事（一）
——焢土窯

韓群

【題話】

上完了古蒙仁的「吃冰的滋味」，大家都會想起童年往事。這時候的作文課，讓同學們寫些小時候印象最深刻的往事，一定會覺得甜蜜蜜。

前幾天，我們全家人一起去郊外爬山，一路上有許多空地，發現有很多人在焢土窯，不禁讓我回想起多采多姿的童年！

記得在我國小三年級時，我們全家人和外公、外婆、阿姨、舅舅、表哥、表姊們一起到阿姨的果園焢土窯。我們事先已經先把土塊找好了。我們要「焢」的東西有番薯、雞肉、茭白筍和青椒，首先，爸爸先測量風

類，焢在土裡不知道還能吃嗎？

△堆土窯不小心弄倒是常有的事，應該再接再厲才對。

△土塊燒久了，該成為焦紅或黑紅色，因為燒樹枝的火，會把土塊薰黑。

△燒窯在焢土窯的過程是大事，末了還寫了「熱得不能喘氣」、「流得滿身大汗」的小感想，到這兒就可以獨立成一段了。

向，接著就開始堆土塊了。

本來我是滿懷欣喜的和爸爸一起堆土窯，但是才堆了大概十分鐘之後，我竟然不小心把土窯弄倒了，害我都不敢再堆下去，只好在旁邊看爸爸堆了，看著爸爸那麼的身手矯捷，不由得讓我心生佩服啊！

終於要開始燒了。爸爸把一些乾樹枝、乾草和乾椰子葉放進土窯裡燒，大概燒了大約三十分鐘後，土塊都由黃土色燒成紅色了，可見那溫度多麼高啊！當然，在燒的過程中，一定是熱得不能喘氣，而且流得滿身大汗囉！接著，爸爸把要「焢」的東西塞到土窯裡，然後把土敲碎，上面蓋一層冷的沙子，大概等了一個多小時左

△挖窯是件令人興奮的事，分享成果更是樂不可支的事，結果卻只「把那些東西拿出來吃了。」一筆帶過，實在可惜。

△什麼東西讓你有「一股甜蜜的感覺湧上心頭」？若能舉例出來，讓讀者一起分享，不是更好？

右，我們就把土挖開，把那些烤熟的東西拿出來吃了。

現在想起來，覺得眞是有趣，而且不曉得爲什麼會有一股甜蜜的感覺湧上心頭？我想，可能是因爲我上國中的關係，不太可能再有這種活動，所以覺得格外珍惜自己的童年吧！

總評

△這篇作法是現在→過去（回憶往事）→最後又回到現在。這是「鏡框式」的寫法。首尾呼應得很緊密，尤其是最後回歸「童年」的寫法，更棒。

△末段開頭「現在想起來，覺得眞是有

趣。」韓群，請你再回覽一次全文，有那些過程是富有情趣的地方？不多！是吧？所以老師建議你：往後寫類似的題材，別忘了多寫些有趣的地方。

眉批

△睹物思情，想起多采多姿的童年生活。

△回憶類的作文，大多可採用「鏡框式」寫法。當要寫回憶時，開頭第一句通常是「記得」或「想起」……

△作者和「竹蜻蜓」結緣的過程，交代得很清楚、生動。

童年往事（二）——竹蜻蜓

劉若梅

有趣的童年往事是說不盡、寫不完的。因此，再加一篇若梅的「竹蜻蜓」過過癮。

不久前，曾在風景區看見一個賣童玩的小販，在攤位上擺著一包包組合式的塑膠竹蜻蜓，令我看了不禁想起多彩多姿的童年。

記得小時候，每到假日時，住在外地的堂哥、堂姊都〔會〕回來了〔→省親。〕，而我則喜歡黏著疲勞不堪的堂哥、堂姊，要求他們幫我製做〔作〕竹蜻蜓。他們禁不住我百般要求，也就只好拖著疲備〔憊〕的身軀，用那熟練的手法幫我製做〔作〕一隻隻〔支支〕

△竹蜻蜓的製作方法，要略加介紹，才會有真實感。

△「的」和「得」的用法，端看動詞底下如果是形容詞時，則用「得」字，如「飛得很高」；如果是名詞時，則用「的」字，如「飛的地方」。

△「他們讓我的」，能歷歷如繪嗎？

△「竹蜻蜓在空中飛舞，載滿大家的夢想。」聯想得妙。

既

又堅固又美觀的竹蜻蜓。

每一次和堂哥、堂姊在一起比誰的竹蜻蜓飛的高（得）○○○○○○○○。時，我總是有如神助般似的獲勝，現在到如今才明白原來是他們讓我的，現在想起來真是歷歷如繪。○○○○○

他們的用心實在良苦

我喜歡看著一隻隻（支支）堅固的竹蜻蜓在空中飛（舞），因爲它們就像載滿了我，或者是所有富有生命力的生物（們的）小小的心願或夢想——但願它們都能實現（大家 美夢成真），所以我喜歡（一直）看著它們（那會在空中舞的竹蜻蜓）飛。

總評

△草草結束，是本文的缺點。記住！文末的句子是要能穩重全文，或呼應主題的。

眉批

△以初次寫「諺語」的心情，作為「開場白」，很自然可取。

△「過」是贅字，不寫意思仍然完整，故去除。

△說到「諺語」，想到小時候和諺語有關的往事，很有親切感。

△「大都」是全數；「大多」是大部份。

先民的智慧諺語

潘俊仁

【題話】

校長在升旗台上罵學生：別做「雷公仔」。回到教室問學生什麼意思？竟然個個「鴨子聽雷」，沒人了解，於是興起作文課寫「諺語」的動機。

記得前幾天，老師說過〔刪「過」〕今天的作文題目〔是〕有關「諺語」，〔的。〕我心想，〔：〕諺語？這作文題我倒是第一次寫過〔刪「過」〕，或許對我來說，又是一項新的考驗。

想〔說〕到〔「〕諺語〔」〕，就令我回憶起小時〔候〕回外婆家時的情景。

外婆家住在東港的下埔，那是一個純樸〔樸〕的小村莊，村裡的人，大都〔多〕不會說國語，〔。〕記得有一次，外婆在客廳〔裡〕抱怨家中經濟不好，大人們也在一旁愁著，〔。〕這時，外婆

△外婆說的諺語，是當時鄉下農村很流行的諺語，意思是感嘆命苦。因此舉此例很恰當。

△在和緩的語氣下談談老祖宗的智慧諺語，讀起來蠻溫馨的。

△其實，諺語都內含深奧的哲理，可惜俊仁沒有體會出來，所以老師代為補上一句。

說了一句閩南語：「哎～做牛著愛拖，做人著愛磨啦！」當時聽了一下，根本不知其含意，直到現在才了解，那是說人和牛一樣，想要成功，過好生活，就要勤勞工作。

其實，在日常生活中，我們時常可聽到一些諺語，其實有時仔細想想，也蠻有趣的，往往這些結合老祖宗們智慧的話，一時聽到仍不大能夠理解，但仔細分析一下，倒是有幾份韻味，像有一句「一個某，恰贏三個天公祖」字面上的解譯為，家有賢內助，比什麼都強，還有一句「歹歹馬，也有一步踢」意思是說，人各有天賦，端看各人如何發揮。

△既然有好多好多的諺語，何不再多列舉幾則，讓大家能夠學得過癮一些。

好多好多的諺語，讀起來有時眞的可令人省思，畢竟——這些是老祖宗們流傳下來的智慧啊！

總評

△在大多數人不重視諺語的環境下，寫寫有關諺語的作文，這是滿新鮮的事。俊仁總共只提了三則諺語，實在嫌少了些，因爲大家對諺語認識的不多，趁此機會多列舉幾則，不是很有教育的作用嗎？

我看廖曼君跳樓事件（兩性教育）

簡宜蓁

【題話】

從報章雜誌上找作文的題材，是個很好的管道。尤其是有關青少年兩性教育的新聞，更是受到學生歡迎。

幾天前，報上報出臺中女中高三學生廖曼君，爲情跳樓自殺，消息傳來後，引起全國廣泛的討論。

事件的始末大致如下：廖曼君認識了姊姊任職超商的店長——林永杰，兩人並展開交往，但林永杰已有妻女，此事被他太太知道，便約廖女談判，後來，廖女便因想不開而跳樓自殺，而男主角林永杰也在約談後跳河自殺。

眉批

△民國八十七年九月十五日臺中發生高三女生跳樓自殺事件，是討論兩性教育的好題材。

△事件發生的經過，介紹得很簡要、清楚。

△「約談後」跳河自殺，會使人誤會兩人相約自殺。

△對於事件的看法、想法滿成熟的，尤其紓發感情壓力的見解很有一套。

△「IQ滿分」到底是幾分？世上滿分的人又有幾人？因此，改為「滿高」，比較合理，也萬無一失。

△對男主角的批判，真是一針見血，相信一般的大人，也不一定有如此高明的看法。

這件事受人矚目的主因，除了兩人的畸戀外，還有廖女是資優生的問題。像前幾個月的清大殺人案，兇嫌洪曉慧也是高級知識分子，凸顯了一些IQ滿分的人，面對壓力，卻往往無法突破。若廖女能有一些傾吐的對象，或紓發壓力的管道，也許就能看開些，也不致於非以死，才能解決的吧！

至於男主角在聽聞廖女跳樓自殺後，隨後也跳河自盡，表面上看來，是有情有義，但事實上，這絕不是什麼淒美的愛情故事。而只是讓人覺得他很不負責任。先是和未成年少女交往，而又拋妻棄子，實在不可取。

人家都說情關難過，事實上也是如此。社會新聞常

△末了採用名言錦句法作結，並再舉例勸人對感情事要「看得開，放得下」，真是擲地有聲。

見不少〈的〉情殺案，如星座專家陳靖怡一案也是如此。若這些人能看開些，拿得起放得下，也不至於非得賠上人命後才後悔吧！

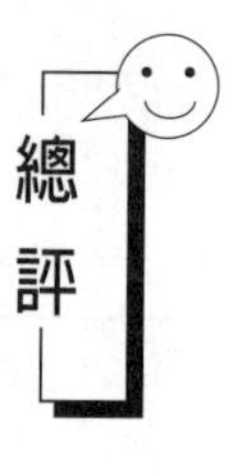

△布局嚴謹有條理，事件看來清楚明白，對於兩性間的關係，讓人有更深一層的認識。

△全文不誇大事件，也不板起臉孔說教，是本文很成功的地方。

眉批

△「人活在世上，是件多美好的事。」好可愛的想法。

△心要長懷感恩的理由，寫來不慍不火，平實得令人不長懷也難。

△感恩的理由，對象概說完後，接著逐項分別闡述，並各成一段。

△「風裡雨裡的咬牙，茶裡飯裡的自苦。」

長懷感恩的心

劉若梅

【題話】

時下的年輕人最欠缺的是「感恩」的心，國、高中三年，必須用一次作文，啓迪他們「感恩」的念頭。

生活在世界上，是一件多麼美好的事。當然，要完成這一件美好的事，一定是經過許多人的幫助，包括了父母、親友、師長以及社會上許多不知名的人，才能使我們的生活幸福快樂。所以，不管你是何等人物，都應該放下身段，長懷感恩的心。

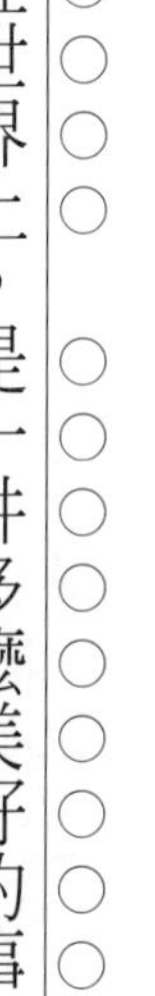

父母爲了生我、育我、養我，日日風裡雨裡的咬牙、茶裡飯裡的自苦，爲的就是讓兒女們過最好、最幸福的日

這是父母為子女辛勞的寫照。

△老師像蠟燭，燃燒自己，照亮別人，使學生由一塊乾海綿，變成了濕海綿，很棒的譬喻。

△「人是群居的動物，想要成為另一個魯賓遜，是不可能的任務。」將分工合作、相互依賴的理由，說得多炫。

子，凡事第一個想到的就是兒女。你想，我們能不感謝父母嗎？

辛勤的老師，就像一根根的蠟燭，不惜任何代價，燃燒自己，照亮著我們，不辭辛勞，不管他們是教國文或是英文，甚至體育，他們都使我們從一塊乾海綿，變成了溼海綿。我們能不感謝師長們嗎？

人是群居動物，不能拋開社會，獨自生活，想要成為另一個魯賓遜，是一件不可能的任務。這個社會是互相的，必須互相幫忙，互相分工合作，我們的生活用品，都要靠社會的供應。我們能不感謝社會嗎？

沒有國，那有家？國家培育了我們，保障了我們，

△由身邊的父母、老師，談到社會、國家對個人的幫助與貢獻，在在都得感謝。

△甚至於大自然中的萬物都是感恩的對象，這是多綿密、多周到的思維。

△感恩不能只是嘴巴說說罷了，而是要付諸行動。最好的方法，就是辛勤努力，盡心回饋，這種結論真是鏗鏘有力。

使我們居住在一個安樂的國度裡，使我們個個都成爲有理想、有抱負的青年，我們能不感謝國家嗎？

　　這一切，也包含生活在大自然中的萬物，都是我們應感恩的對象，它們使我們成長，使我們安居樂業。他們的心血，我們不能辜負；他們的努力，我們不能忘記，更不能忘恩負義；所以我們在感謝之餘，還應該辛勤努力，回饋社會，回饋大眾，才不會枉費所有在我們成功背後努力的人的心血。

總評

△作文考試上、課堂中，經常出現的題目

「長懷感恩的心」，經若梅同學寫來，不僅結構四平八穩，內容還頗具創意，是篇無懈可擊的佳作。

△細心的讀者，相信會發現本文在闡述感恩理由之後，在各段的最後一句，都會用相同的、感性的設問句：「我們能不感謝××嗎？」令人讀後都會由衷的點頭贊同。

眉批

△作文題目，我常比喻成「盲人」，寫作文的明眼人，有責任好好的、有創意的引導進入作文裡頭。像舒晴這篇開頭，就引得很生動，不落入俗套。

△用一句布袋戲名言，

心愛物展示

楊舒晴

【題話】

心愛物人人有，而且個個不同，展示出來互相觀摩，效果奇佳。

由於有一次林老師把他的心愛物拿出來讓我們觀看，「既然老師也有心愛物，那同學也一定會擁有一些自己的心愛物，大家何不拿出自己的心愛物，給大家一起分享，我們就來辦一場『心愛物的展示』吧！」所以大家決定利用這次的作文課，來舉辦一場「心愛物的展示會」。

「驚動武林，轟動萬教」的展示會轟轟烈烈的上

就打開了「心愛物展示會」的序幕，很特別。

△由狗吠聲的懸疑，開啓了逐項介紹心愛物的寫法，技巧頗為高明。

△「東東」的分量重，另成獨立一段，會更具意義。

△其他心愛物，各用幾句分別扼要簡介，十分得體，但要以「；」做為區隔。

△每種心愛物都有其特殊心愛的因素，唯獨「恐龍模型」沒寫，

場，等一下，展覽會還沒開始吔！可是，可是，我怎麼聽到了小狗的叫聲呢？難道展示會變成了寵物店呢？

（分段）

哦～原來班上的一位同學把他的心愛物——他家的狗給帶來了，經過他的介紹，使我知道那隻小狗名叫東東，是隻博美狗，國小六年級的時候，一位親戚送給他的，那隻可愛小博美狗在他無聊時會陪他玩，也是他的好朋友。

妳豁的心愛物是千萬隻的紙鶴和一副塔羅牌，那千萬隻的紙鶴是同學送的，所以她非常的珍惜，而那副塔羅牌上的圖片很美，也是成為她心愛物的原因之一，而周美君帶來的是本畫冊，因為畫冊上面有她的作品，所

故要加一句才算完整。

△段末加「……」刪節號的用意是心愛物還有許多，只是限於篇幅，不再贅述。

△最後壓軸的心愛物，當然是作者自己的，而且要較完整的介紹。

△文末寫出「心愛物展示」所帶來的啓示。

以那本畫冊便成爲了她的心愛物；還有一位帶恐龍模型，是看「休羅紀公園」時買的；另的男同學和一位帶一條項鍊的女同學，那項鍊上嵌著一隻蠍子，那是條很特別的項鍊。……

我也有個心愛物，是一本劉墉的小說，書名是一生能有多少愛，我有29（二十九）本劉墉的書，其中最喜歡的就是這本書，它叫我們好好珍惜愛，對師長、父母、兄弟姊妹的愛，是一本令我百看不厭的書。

○○○○○○○○○○○○○○○○○○○○○○○○○○○○○○○○○

由這次的展示會中，我們可以了解現代社會中的多元化，和每個人不同、喜愛的觀點，因而可以促進未來社會中的多變性，和多樣性，進而締造出更民主、更相互尊重的和諧社會。

△邊活動邊寫作文的作文課，向來深受同學歡迎，並帶來莫大的興奮，這篇作文就是在興奮中完成的。閱讀之下，令人甚感溫馨、喜愛。

△展示會中的心愛物很多，舒晴有條不紊、提綱挈領地扼要而又感性地報導出來，眞是難能可貴。尤其全篇找不到一個錯別字，更可證明舒晴認眞、仔細的態度。

△有人說：文章結尾要像豹的尾巴，短而有力。本文是短但乏力，看來似乎穩不住腳。所以老師補寫了幾句。如果再加一小段對這堂作文課上課方式的感想，則會更加完美。

眉批

△大家在母親節時，拚命對母親好，可是不是母親節的日子，大家都忘了她的存在，這是很令人「錯愕」的事。

△正常的母親節，都是在這樣的孝敬方式下過的。

不是母親節的日子

李悅嫥

【題話】

每年到了母親，通常都寫些如何孝順母親的作文。今年卻用「逆向思考」方式，來談不是母親節的日子，出乎意料，效果更佳。

五月的第二個禮拜天是「母親節」，在母親節那天，孝子們專程回家孝敬母親，然而每個人似乎都遺忘了那三百六十四天不是母親節的日子。

母親節當天，我仔細挑了張精緻的卡片，寫了幾句慰勞的話送給母親。從早上起便幫母親分擔家務，讓母親輕鬆些。處處不惹母親生氣，一天下來，看見母親滿意的表情，我心底也欣慰不少。

△但是猛然一想：不是母親節的日子，卻不像母親節當天一樣。當看到母親操勞的身影，任誰都會難過。這種心情變化，寫得淋漓盡致。

△針砭時下的年輕人，對孝順母親的錯誤作法，很有「暮鼓晨鐘」之效。

但，母親節過了，在這些不是母親節的日子裡，我卻沒有像在母親節當天一樣，幫母親分擔家務，不惹母親生氣，更別說是送卡片，說些慰勞的話了。現在想一想，母親在不是母親節的日子[裡]，仍然從早到晚爲家忙東忙西，爲我操勞憂心，[/；]而我在這不是母親節的日子[裡]，我卻無法設身[處地的]去體會母親的辛勞，甚至用行動去幫忙母親。每天晚上，看見母親疲勞的臉孔，不禁打從心底的感到難過，仔細想想，眞是太不應該了。

在母親節那天，每個做孩子的，[都會]買了許多禮物送給母親，[/；]然而在那不是母親[節]的日子，卻在外胡鬧，讓母親憂心沖沖[/忡忡]。其實，孩子在不是母親節的日子不讓母親煩

△「孝順母親，是不分日子的」是全文的綱領。作為文章結語，實在太棒了。

憂，才是母親最想要的。~~又~~更何況，孝順母親，是不分日子的。

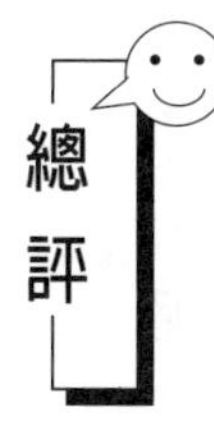

總評

△逆向思考的作文，往往會更使人印象深刻，就像本文的強烈提醒，孝順父母便不分日子了。

△本文文句順暢，層次井然有序，語病、錯別字很少。

賞析

△柔和的月色像條寧靜的小河，鳥兒似乎想逆流而上，漆黑的背影緩緩在柔波中盪漾，像極了一座橋，拉近了月與她的距離。這時，似乎想要直達嫦娥的牠，使她不由得愛戀起來。

△白天，迤邐大地的陽光，將翱翔天際的鳥照映得晶晶閃閃，活像晶瑩剔透的泡沫。

鳥（動物的新詩一）

丁天欣

【詩話】

鳥是一切生物中體態最俊俏的動物。不論是高踞枝頭，臨風顧盼；或是振翅高飛，遨翔天空，在在令人心動喜悅湧上心頭。如果以她來寫詩，那將是美麗的邂逅。無論在野外賞鳥或是觀賞影片，或是欣賞圖片，都可成就出美麗的詩篇，像天欣筆下的〈鳥〉詩，令人吟後，不禁產生無限遐思。據天欣告訴我，她當時寫作時的心境是這樣的：（請看詩句賞析）

月光流著，你像是那矇矓的橋，（朦朧）
架起我對那末端的思戀；
陽光耀著，你是那瑩瑩的泡沫，（倩影）
冉冉上升，無聲無息的躲入雲被，
激起我對那層層的遐思。

輕輕的飛，又悄悄的滑入柔柔的雲。……多令人心動心儀的自由自在、逍遙遨遊。因此，激起她真想做個如此的美夢。

△本詩是「看圖寫詩」教學下的詩作。全詩可分兩節，前二行由視覺而起愛戀；後三行是由聯想而做了一場逍遙遨遊的美夢，讀來真是美得冒泡。

詩評

△把「鳥飛」想成一座長橋，架起對末端（月兒）的思戀，眞美。由近拉到遠，由夜晚轉到白天，在陽光照耀下漸飛漸遠的鳥像泡沫躲入雲被，眞的好令人遐思。不過，「泡沫」一詞總覺得虛幻，倒不如改爲「倩影」，不是更叫人「遐思」。

賞析

△本詩可分二部份，前四行天欣把蝴蝶視為美麗的「女神」歌頌，把牠的特色用強烈而對比句型寫出，很有震撼、共鳴作用。

△後三行則祈求心中的「女神」能佇立在她的肩上、指上，跟牠一樣的得意、快樂、耀眼。即使一次也心滿意足。

蝴蝶（動物的新詩二）

丁天欣

【詩話】

經常接近大自然的孩子，幾乎都和蝴蝶玩過，也追著蝴蝶跑過，因此，蝴蝶普遍受到人們的喜愛。所以同學們的詩裡充滿了憐愛、充滿了憧憬，更充滿了神秘感。

看妳神采飛揚，的 妳很神氣，我知道；
看妳舞姿翩翩，的 妳很歡愉，我知道
看妳五彩繽紛，的 妳最美麗，我保證
——誰及妳呢？——我的女神！
願不願意佇在我的肩上，融入 我的指上？笑靨
展妳的得意，妳的快樂、妳的奪目！
——只 盼那一次便足！心滿意

詩評

△一般說來，蝴蝶給人的印象是風度翩翩，柔情萬種。而天欣筆下的「蝴蝶」卻「剛烈」有餘，「溫柔」不足，所以老師略爲修飾一下，效果是不是覺得好一些？

（本範例發表於「明道文藝」二八二期八十八年九月號）

136

求人不如求己

謝天祐

【題話】

上課中常發現有許多同學問題答不出時，那種乞求幫忙的可憐像，引發我在作文課時，出了這個題目。

「咚！咚！咚」，嗨！各位好，小弟砌到貴寶地，不賣膏藥、不打拳，不露三點、不賣帥，那俺來幹啥？沒錯，您猜對了，我來賣口。不不不，不是賣口，是賣口才對，那我要說些什麼呢？嘿！這個題目不錯：「求人不如求己。」好，開講！

人活在這世上，受人幫助是免不了的。但並不是每個人都肯幫忙，例如小弟有一次功課不會寫，跑去找我

眉批

△利用街頭江湖賣膏藥的台詞，把題目帶進作文裡頭，這是很新鮮、很有創意的開頭方法。把一個很普通、嚴肅的題目，因而活潑了起來，可愛了起來。

△以自己實際求人幫忙的痛苦經驗，點出了「求人不如求己」的

理由，令人覺得感同身受，同情不已。

△低聲下氣、苦苦哀求的可憐狀，寫得真是生動、可愛。

△求人的痛苦除了令人不快外，還有更深一層的缺憾——失去自信心，常仰賴別人，被別人看「衰」。

△「且沒有用的人了」一句意思不清，所以要改清楚一些。

△「還有興盛可言嗎？」讀後猶感段意未完，因此加上一句，以期有補強及穩住的作用。

那兄長，不幫就算了，竟還罵我笨，但我不會，有什麼辦法，任由他數落足足一刻鐘。再經我低聲下氣、苦苦哀求，終於博得了兄長同情，開金口，動金筆，把題目解出來，雖然會了，但心中仍有些許的不快。

由上面小弟的經驗來看，求人真的是一件很令人討厭的事。尤其是對一個驕傲的人來說，更是不太可能了。再說，如果常依賴他人，當別人不在或離開時，那該怎麼辦呢？因此，常常仰賴他人的人，將會變成沒有自信心，不能自己作主，那將是個沒有用的人了。想一想，如果全國充斥著這樣子的人，那這個國家，還有興盛可言嗎？國人也將被外國人看「衰」呢！

△「求人」的痛苦說盡之後，當然接著要大書特書「求己」的正面好處，如培養自信心賺取生活經驗、有成就感等。甚至於倒過來「被人求」。這種寫法很積極，很有啓發性。

△引用名言再度強調「求人不好，靠自己最好。」作為訴求的結論。這種表現正如豹尾似的簡短有力。

△使用標點符號的準確性要多下工夫、多推敲。

反過來說，求己就不同，靠自己，不用看人臉色，仰人鼻息，而且可以培養自信心，及賺取生活上的經驗，當成功後，還會有一股成就感，像小弟，就有一個小例子：話說那次被兄長數落後，我發奮圖強，努力用功。現在不是他教我，有些事還得我教他呢?

俗話說得好：「靠山山倒，靠人人老，唯有靠自己最牢。」求人的缺點如此多，靠自己的優點這般多，理所常要選靠自己囉！而且，靠自己的優點，對自己的現在、將來也都有許多益處，所以，在這裡，我鄭重的說：「求人不如求己。」靠自己的人才是最棒的人。謝謝。

△最後沒忘記：「膏藥」賣完了，下台前的江湖膏藥術語也照常來一段，呼應首段，作為全文的結束。

呼！終於講完了，如何？小弟的口才還算可以吧？如果您覺得太爛，沒關係，您大可拍拍屁股，一走了之。倘若您覺得還不錯，就賞幾個小錢，讓小弟買點酒菜，飽餐一頓吧！

總評

△論說文在一般同學的觀念中，是令人頭痛的作文課題，如果大家能像天祐同學這樣輕鬆面對、幽默闡述，要不喜歡論說文才難。

△讀書閱報時，除了用心於文意外，標點也不容忽視，要多揣摩。

我看到中國大陸的作文書

丁天欣

【題話】

偶然不經意的在黑板上寫了簡體字，學生看不懂便「哇哇叫」，靈機一動下，便設計此題目。

在平常的日子裡，自己甚少接觸到中國大陸的簡體字，甚至到中國大陸旅行時，看的文件書籍，有些陌生到是用英文來閱讀輔佐。（分段）望著海峽的另一端的人民，流著與我們相同的血，擁有著與我們相同的古代歷史，以及更多的回憶，但是卻在字體文化交流上，有著如此巨大的差別，怎麼不叫人在心頭上襲上一股沈重的心酸？

今天全班在課堂上，再一次有幸的被林老師那種洋

眉批

△根據以前去大陸接觸簡體字的經驗，寫出對簡體字的陌生，作為本文的伏筆。

△同血源、同文化，但文字的差別卻這麼大，令同學們心頭有無限的沈重。

△感慨之後只有面對現實——對陌生的簡體字下點功夫。

△面對巨獸般的大陸簡體字，想進入裡頭研究，真的猶如劉佬佬進大觀園——霧剎剎。

△終於理出頭緒來了。原來簡體字大約可分為：古體字、俗體字、同音字、省體字及草體字等五大類。經如此分析後，大略便可知道認識簡體字的訣竅。

△接著進一步的比較簡繁體字的得失利弊。並抒發自己的觀感和感想。

溢熱情新鮮的妙點子「點」到——研究研究大陸的「簡體字」，唉，說穿了，就是知道點皮毛罷了。在此，就如同劉佬佬進大觀園似的，胡說點自己的意見：

簡體字是以「古字」爲經，「俗字」爲緯，再補充或輔佐同音字、省體字、草書字等等組合而成。像云（雲）、梦（夢）是古體字。劝（勸）、补（補）是俗體字。干（乾）、运（運）是同音字。亲（親）、厂（廠）則是省體字。区（區）、认（認）爲草體字（行書）。

雖然簡體字比咱們台灣的繁體字簡單好寫的多，但是我覺得和古人的字體大相其異是一種非常可惜的遺憾。而且，有些簡化得太奇怪，令人不知其中所含的字

△「恣意簡化並不是件好事」，批判得好。

△有批判，便有期望，作為結論。

根意味之事。畢竟，中國古老歷史所流傳下來的字，恣意簡化並不是件好事。（分段）最後，我眞心的期望有一天，海峽兩岸能眞正的了解彼此的字體文化。

總評

△平時作文時，嚴禁學生寫簡體字，以免日後作文考試被扣分而吃虧。這次作文卻特別開放一次，所以許多同學大大的「爽」了一次寫簡體字的機會。

△乍看題目，會有很多人以爲這篇作文是屬於記敘文。可是天欣硬把所看到的、想到的事情消化後，轉變成論說文，這種技巧在同年級的同學裡是不多見的。

我像一顆椰子

丁天欣

【題話】

我一向喜歡同學在作文中，多寫自己的感情世界，在這前題下，我設計：「我像……」，請同學抒發一下。

樹大招風呀！陣風襲來，母親的斗篷隨風搖擺，沙沙的聲響是早來的喪鐘——噢！不！我仍要吸吮她的乳汁，緊握她的身軀，俯瞰萬物，享受這片大地的瞻仰，沐（浴）在暖陽，獨吞這一刹耀眼的榮光！

不！不！媽媽，我不走！

一陣陣深深的疼痛、害怕浮上心頭，哈！一顆掉落在茫茫大海的椰子能做什麼？

眉批

△你能想像一粒粒椰子，高掛在高大的椰子樹梢上的感受嗎？

△當熟透的椰子即將要離開母樹時，她的感受又是如何呢？你又能想像嗎？

——椰葉是斗篷。

——風聲是喪鐘。

——吸吮乳汁、俯瞰萬物。

——瞻仰大地、沐浴暖陽。

——獨吞這一剎耀眼的榮光。

「媽！我還不想走啊！」

△一顆椰子掉落大海，就好比一個「貝比」出世到人間，才有人海茫茫不知能做什麼的感慨。

△呱呱落地用「爬」出懷抱；迅速的把自己「立」起來。點出人生的「苦」境和煎熬，尤其後面哭鬧也無法改變的六年小學的日子，磨鍊出天欣獨自尋找快樂，或無奈的陷入痛苦。但是老師誠懇的告訴妳：別像蠶一樣，作繭把自己封閉起來。請妳

爬出媽媽的懷抱，迅速的把自己「立」了起來，一眨眼六年的歲月，就在牙牙學語的稚聲中含糊帶過。轉眼，要上小學了。必是有那麼一天的——不論哭泣、吵鬧皆無法改變的日子、無法改變的道路——只有坦然，只有踏上，去尋找快樂，亦或陷入痛苦——你能知道什麼？

被海浪衝擊的滋味你若沒嘗過，千萬別亂下斷語——是會遭人忌的。幾個月的「流」、「浪」，我開始愛看天上白雲的變幻莫測——正如我的命運。好在我的外殼堅硬——大家都在傳頌最美麗的浪花都是打在最堅硬的岩石上的——我似乎變成熟了，我絕不容許「我」被這片海吞噬。似乎，似乎我已見到光明的彼岸。

多開幾扇窗，讓友誼的風，吹入妳的心扉，世界畢竟是溫情滿人間。

△椰子在茫茫大海流浪，命運像白雲般的變幻莫測。堅硬的外殼，激起了許多美麗的浪花，讓自己變得更成熟，似乎見到光明的彼岸。

△此段共用了四次夾註號（——）。第一次是「說明」為什麼不可亂下斷語；第二次是「解釋」天上白雲的變化莫測，正如我的命運；第三第四則是上下符號夾註，這是為了求「我的外殼堅硬，才變成熟」的

熬過六年的小學、一年多的國中生涯，我不讓自己傷痕累累——儘管有太多的誤解——我早已不怕。帶著積極人生觀組成的盔甲，執著自己的一股傻脾氣：就這樣，敢大聲吶喊「我不怕」，就這樣，咬著牙推動時間的巨輪；就這樣，已邁入人生第十四個年頭。

就這樣，這顆椰子或許仍繼續在海上浮沈，或許已找到一處容身之地，在沙灘上體驗「萬丈高樓平地起」。

椰子和我，大概唯一的不同，即是它內在的養分會日亦（益）減少，而我則日益增加罷了。

文氣連貫，上下符號之間才加了一句「美麗的浪花都是打在堅硬的岩石上的」。

△六年小學，一年多國中生涯，經歷了太多的誤解、不如意，卻愈發積極、堅強。還連續使用了三次「就這樣」，來表達自己大無「畏」的精神。

△還是「就這樣」，作者和這顆椰子仍然在人海中浮沈。但是別擔心，他們終究會找到容身之地起高樓。

「總評」

△眼尖的讀友，也許會發現：這篇作文很特別、怪異。特別的是前面第一大段，寫椰熟落蒂如人出世。接著是一段寫作者自己，另一段寫椰子，……都是相同的命運，最後才以「不同」作結。

△十四歲的年齡，就有這樣成熟、深沈的思維，這不是一般同年齡的少年朋友所能及的。不過老師還是要奉勸天欣一句話：這個世界是美好的，只要妳想眞心接納。

眉批

△以「夜遊」寫出興奮之情，再點出環保公園為夜遊地的原因，更以「超興奮」的新新人類口吻作為引題，很具吸引力。

△加「衝」字，才能配合前段「超興奮」的心情。

△「朦朧」是月亮模糊的樣子，所以要從「月」部。

夜遊環保公園

蘇妶聆

【題話】

配合第三冊十四課「記承天夜遊」而設計。

光聽到「夜遊」兩個字就激起了我的興奮感。夜遊，是我前所未有的事呢！由於環保公園近在咫尺，所以夜遊的地點就決定在那兒了。哇！我眞的是超興奮的，在還沒出發前，我就已經開始幻想了。

懷著期待的心情，隨著老師、同學，以不到三分鐘的時間衝到了環保公園。在將要進去公園之前，我先靜靜的看了整個公園，公園充滿了朦朧美、許許多多的大

△「嘻笑」是大聲笑；「嬉笑」是邊玩邊笑。以本文來說，用「嬉」字較貼切。

△前半部寫草皮，後半部寫木黃麻，不同景點，可以分成二段。

△十五歲的[illegible]，童心未泯，也加入盪秋千的行列。本來此處可多發揮些，可惜只寫了二行，所以才補上二句。

△前半後半時段不同，也該分成二段。

的

樹，點綴在公園中，眞得非常漂亮。

嬉

在公園中，隨著同學的嘻笑聲走在走道上，看著旁

躺　聽聽大地的脈動，

邊濃密的草皮，眞想馬上和身在草皮上，享受大自然的

芬芳　眼前

氣息。穿過了萬年溪上的鐵索橋，看到的是屏東的文化

（分段）

中心，走下去，到了一個小孩子的遊戲區。在那兒，我

再往前　光

看到了一棵大樹，因在晚上，藉著微弱的燈看了那樹的

標示，「木黃麻」是大樹的名字。在大樹下，我感受到無與

○○○○○○○○○○○○○

的

倫比舒暢，心靈也寧靜了不少。

後來，我坐上了秋千，本想慢慢的盪，但我妹妹卻

想和旁邊的男生一較軒輕，因此　，魂魄差點兒都被嚇跑了

在後面推，越推越高，害我忍不住尖叫起來。隨著時間

（分段）

的流逝，在不知不覺中走回到剛進來的門口，原來要回

△先前寫「再來」，後來卻寫「常去」，定位不一致。

△末段是感想，也是抒懷，所以語氣要感性、溫柔，文句經如此修飾，相信會更感人。

去了，頓時心中竟有不捨得離去的念頭，嗯！我一定會再來的，也許我會常常來喔！

夜遊公園是一件很舒服的事。到公園可以散散心、運動運動；或者傷心時，抱著樹大哭，相信很快就可以恢復平靜的了。夜遊環保公園，眞是一次難忘的經驗呀！啊！

（本環保公園從公元二〇〇〇年三月十二日起命名爲「千禧公園」）

總評

△環保公園裡的景點很多，可以寫在作文裡的事物更不少。但是各人取捨的觀點不同，所以大家寫出來的內容也不盡相同。婉豁個性文靜善感，所以寫來感性

十足。

△環保公園最大的特色是樹木多、草皮漂亮、鳥語花香、景觀清幽等。此文可惜樹木只寫了「木黃麻」，「花香」沒提到，是令人猶嫌不足的地方。

△本文屬於「遊記」，通常遊記是用記敘文來寫。而這篇的特色是夾敘夾抒，所以讀起來才那麼可愛。

眉批

△開頭自然，就像面對讀者，說出自己怎麼和「創意作文」結緣的。

△愛上「創意作文」的原因，寫得很生動。

△「論說文」和「議論文」是屬於同性質文體，所以要改成不同的文體才合適。

創意作文與我

楊舒晴

【題話】

上了一學期的「創意作文」，為了瞭解同學們的反應，而寫此題材。

原本以為上了國中之後的我，不會再接觸作文班的我，在〔小學作文〕洪振旭老師的介紹之下，成為了林老師「創意作文班」的一員，〔也〕成為了林老師的學生。

對作文還有一些懼怕的我，自從上了林老師的作文〔課之後〕，就不可自拔的愛上創意作文了，林老師推翻了從前作文的呆板、無趣〔的傳統作文方式〕，他不會叫我們寫一些煩悶的論說〔記敘〕文，又臭又長的議論文，老師教我們寫「活」的創意作

△「創意作文」的上課特色，像同樂會洋溢歡笑，令人稱羨。

△作文裡的數目字，通常要用國字書寫。

△舉例說明「創意作文」的「創意」題材的來源，這也是令人愛她的一大原因。

△每個題材的例子是屬分列、對比的分句，所以要用「；」號。

△既然喜歡林老師，則不宜用幕後「黑

文，寫有趣的創意作文，寫一些「屬於自己」的創意作文。

由於是林老師的帶領，再加上同學們的活潑大方，使得這⑫堂的作文課不至於冷場，反而像極了同樂會，同學們在一起同聊天，老師甚至慷慨的請我們吃零食、喝飲料，使作文班每一處角落洋溢著歡笑。

回顧⑪次的作文題目，都令我記憶猶新，彷彿是昨天才剛發生過的事，有吃冰寫作文過，又有嘗試當小記者訪問蘇嘉全縣長的千金的作文課，也有去夜遊環保公園的作文，也曾經摸過、聞過、讀過大陸的書……等。這些都是創意作文班的「幕後黑手」所想出來的點

手」，改用「英雄」較合文意。

△結論通常要像豹尾一樣的簡短有力。可是本段卻比前四段冗長得多，讀起來不夠乾淨俐落。所幸前半段寫學後的成就；後半段是寫感想，因此可分二段，來改善此缺憾。

△前四段末了的句號都標得不甚清楚，必須認真標好。

子。

現在上作文，已不再有「恐懼」「害怕」兩句形容詞了，我對作文也漸漸的培養出了一些興趣，寫作文的靈感和速度也不像從前如此的緩慢，我已經不再是從前只會用「逃避」兩字來對待作文的我了，雖然只上了短短的四個多月的作文，可是我所穫得的東西，實在是難以計算，是林老師讓我擁有這一切一切，謝謝林老師，也希望下次上課再見面時，又多了一些有趣令我永遠難忘的作文課。

、　已　那麼　。（分段）　獲　這　的　。　、

總評

△在寫作的路上，「○○與我」的題材，必然會碰上好幾次。寫作此題材時，先要點出○○與我怎樣產生關係的，後來怎麼互動，影響如何，並舉實例說明，最後寫出感想或期許。這種竅門，舒晴掌握得很好。

△創意作文的特色在創新、生動、趣味，加上感性的抒懷，絕不人云亦云，更不會無病呻吟，從此文就可略見一、二。

△舒晴的文筆生動、可愛、感人。唯一的缺點是完稿後，修飾的功夫不夠，否則老師修改的地方，就可以大大的減少。

露營回憶錄

謝明謙

【題話】

本校有個傳統大活動，一年級户外教學、二年級大露營、三年級畢業旅行。大露營的地點是在澄清湖畔。

「再見！教官，再見！」在一聲聲的道別聲中，每個人的心中除了回家的念頭，還有一股悲傷，但又似甜蜜的思緒湧上心頭，像滔滔不絕的長江水。

回憶這三天來的活動，可真是令人又愛又恨，無法忘懷。現在就利用我的腦中放映機，一一地呈現在各位的眼前吧！

第一天，大家都懷抱著一股既期待又怕受傷害的心

眉批

△用「倒敘法」揭開序幕，用「再見」聲為開頭，頗有創意。

△「甜蜜的思緒湧上心頭」好句！但接著的「滔滔不絕」，像詩、像詞，卻意象懸疑不明，故略加修飾。

△三天的活動情形，利用「腦中的放映機」呈現，好譬喻。

△嚴肅的教官，像廟宇旁的「神明」，意象不顯著，改為「門神」，兇神惡煞的印象便出現了。

△羅家倫的「運動家的風度」——服輸精神，學以致用，既難得又適時。

△每個大活動前，加上一句「特色」寫法，簡潔、扼要、直接了當，令人耳目一新。

△每個大活動名稱，宜加上引號（「」），以表特別。

情來到了位於澄清湖的營地，看著各個教官嚴肅的神情，好像站在廟宇兩旁的神明一樣，令人心生畏懼，無法親近，心想：這兩天的日子——難過了！

第一天的課程，最令人難以忘懷的莫過於是漆彈射擊了。在一片槍林彈雨中，一場激烈的戰爭開始了，碰！碰！碰！激戰過後，本班以些微的差距輸給了八班，雖然輸了，但本班仍擁有服輸精神，失敗了不氣餒，令人感到欣慰，值得嘉許。

第二天的活動課程，有刺激的高樓逃生、好玩的大地遊戲、實用的雙旗語及下午最累人的環湖活動。到了晚上，令人最興奮、最期待、最無法用形容詞來形容的

△特寫「營火晚會」的盛況，鏗鏘有力。

△特寫靈魂人物——酋長，和他的蛇——小花是很好的「插敘法」。

△「抒情告別」、「輕

「營火晚會」即將展開。

「嘩！」在營火的燃燒下，伴隨著美麗的煙火，晚會精彩的展開了。晚會一開始的節目，便是由六班同學所模仿的「麥可秀」，熱情的舞姿，瘋狂的搖滾樂，帶動了全場的氣氛，加上主持人（酋長）的口才，整個晚會熱熱鬧鬧，滿場歡樂。

說到了主持人酋長，（他的表演才華，）那可是無人能敵，整個晚會便只聽見他一會兒（表演）電子花車，一會兒又語帶雙關，最令人難忘的是他的蛇——小花，小花在他的課程下課時（操弄下），竟（然）「漏油」（尿尿），相信這個經驗必定會讓本班同學畢生難忘。

晚會過後，是「抒情的告別」及「輕聲小語」，教官們神情

聲小語」的壓軸，就知道感傷的時刻到了。——這種寫作技巧真是圓融。

△最後回到現實，此時大家的心情，「仍在露營的氣氛下遊走。」好棒的心情告白。

△原本在說「再見」時，該說的「謝謝！」卻留到最後才感性的說出，不知是有意或是無意，老師覺得前後呼應得無懈可擊。

低落，令人感傷，兩天來的相處，一同的歡樂，一同的活動，一同的生活，就在明天早上，即將成爲永生的回憶，畢生的經驗。

露營已過，大家的心情仍在露營的氣氛下遊走，回想這三日來的活動，教官陪我們歡樂，教導我們求生技能，我們現在唯一能做的只有在心中想念他們，將來在路上碰面時會，出自內心，由衷的向他們說聲：「謝謝！」

總評

△這種記錄活動情形的作文，一般人寫來都是冗長的流水帳，令人看了都會昏昏欲睡，可是本文卻無此感，還覺得意猶

未盡。

△本文幾乎找不到錯別字，標點符號也錯得極少，可證明寫作時的認眞及用心。

眉批

△用一句問話，不但破了題，也開了話匣子。

△有了週休二日，每兩週多了一天家人相聚的機會，是第一個「功德」。

△「除了工作，還是工作」，寫法俏皮。

△歐美人士的工作觀念：週一～五，努力

過一個充實的週休二日

李悅嫥

【題話】

週休二日是學生最期待的日子，但真正會好好利用的學生卻不多，因此利用作文課來教導他們。

「媽！這個週休要去那裡啊！？」

自從去年元月起，政府實施了隔週週休二日，也因爲這樣，我們全家聚在一起的時間，每二周就又增加了一天，真是不錯。

在現今繁忙的生活中，許多人除了工作還是工作，也不知爲了什麼，盲目的努力，這是爲何？這乃是因爲人們缺乏心靈的沈澱。在歐美先進國家的人民，他們將

工作；週六、日盡情玩樂，不但人人快樂，而且也提高了工作效率，給下段下了個「伏筆」。

△國人全年無休，搞得身心疲憊、痛苦不堪，工作效率也沒提高。襯出週休二日的重要性。這種對比寫法，說服力強。

△從不會利用週休二日，引到幾種充實週休二日的好作法，是本文的重點。這些例子切實可行，而且都是正面的、積極的，悅媍這方面的體會滿深刻。

自己的生活安排到星期五、六，日盡情的放鬆，一到五盡力的工作，這樣不但人人快樂，且更提高了辦事的效率，使國家愈來愈強盛。反觀台灣的人民，一忙到五，六日還要加班、趕工，到了星期一又開始新的一星期。搞得人人身心疲備，痛苦不堪，你想這樣的辦事會有效率嗎？所以，週休二日對人民是很重要的。

有人問說：「週休二日除了睡覺還是睡覺，倒不如不放。」如果你是這種想法的人，那可就大錯特錯了。在週休的時候，不但可以放鬆自己做自己想做的事，也可親子聚在一起，增進親子間的和諧，更可以利用這段時間溫習一下功課；有人甚至在週休時上圖書館，增進

△說了這麼多別人的週休二日怎麼過，最後當然要說自己的，遺憾的是內容稍嫌少了些。

△週休二日雖好，但可惜只是隔週。由此開始談到負面部份。

△說了一大堆週休二日的好處，相反的也有它的缺點，如許多假日被取消，遊樂場所設施不普遍等。難得的是作者把缺點導入正確想法並歸入正題。

△最後還是用一句問話結束，首尾呼應，很新鮮的寫法。

自己知識；參加公益活動，幫助需要幫忙的人；當義工爲大眾服務，眞是百利而無一害。當然以我本身來講，在週休的日子，爸爸通常帶著全家上山下海，出外遊玩，但可惜的是，台灣的週休卻是隔週的，這是唯一的缺點。

政府自從實施了隔週週休二日後，許多的國定假日卻這樣被取消了，像教師節、光復節等，眞反應出：人不可得非分之福啊，不過建議大家不妨換個角度想想，損失了國定假日卻換來一個充實的週休二日，不是很好嗎？這也是算是自我安慰吧！

「媽！好了沒，我們要出發了啦！」

總評

△對於週休二日的看法很成熟圓融。
△布局匠心獨運，是篇佳構。

眉批

△一連問三次有關「中正國中」的事，或許是一開始就想讓讀者正視「中正國中」。

△概說中正國中的一般特色，使讀者有初步的印象。

我所認識的中正國中

楊先雯

【題話】

國文課本第四冊第二課，徐志摩的「我所知道的康橋」讀後，就以「我所知道（認識）的××」為題，寫篇作文。

你到過中正國中嗎？你想看看中正國中嗎？你想知道中正國中的點滴嗎？在你準備出發以前，請先聽聽（看看）「我所認識的中正國中」吧！

「中正國中」是我現在就讀的學校，而且將來會成爲我的母校。我在中正國中已生活了一年多，在我的眼中，中正國中是一個循規蹈矩、校風淳樸的「明星」學校。

△同學的課業，和師生互動的情形，寫來很溫馨可愛。

△利用公投票選，決定大樓名字，表示出學校民主，尊重同學的作法。寫法特殊。

在課業上，每年都有很多學生上屏女、屏中、雄女、雄中等，這些三年埋頭苦讀出來的成績，可不是蓋的喔！當然，老師的細心教導也是不可或缺的！老師對功課好的學生和功課不好的學生都是一視同仁，除非此人的品性不好，總是一而再、再而三的犯錯，才會受到嚴厲的處分！師生之間的關係，總是像朋友一樣和樂融融。學生為了答謝老師的教誨，在教師節會送給老師花、卡片等；在畢業時，會依依不捨地笨著流淚說再見！這都表示中正國中的教師，是受到大家肯定的！

中正國中才剛剛蓋好了「勵志樓」和「靜思樓」，

△校園的幽靜，和前半段內容不同，可以分段。

△在校園中，可聽到鳥叫聲，蝴蝶在身旁翩翩飛舞，這的確是優美的校園，寫來令人嚮往。

△強調能就讀「中正」是福氣，同時也肯定了中正國中。

△經過以上的介紹，相信看後，心會癢癢的——想一睹中正國中的廬山真面目。

大樓的名字是由班級幹部公投所決定的，這也表示了學校的民主，尊重同學們的意見。在學校裡，種滿了樹木花草，使我們呼吸著新鮮的空氣，對我們的視力也很有幫助，甚至有時候很安靜時，像中午睡覺時，還會聽清脆的鳥叫聲、蟬的鳴聲，走在路上有時會有兩隻小蝴蝶在身旁翩翩飛舞，這是個多麼美的校園啊！眞慶幸自己生在屏東，可以在中正國中就讀，快樂的渡過三年的國中生涯，在中正留下最美好的回憶，留下自己走過的痕跡，在畢業時能劃下完美的句點。

怎麼樣？不錯吧！我知道現在的你已經迫不及待的，想要來「中正國中」一探究竟了走，請你現在出發吧！

總評

△從學生寫到老師，再描寫到校園環境，秉持著自己知福、惜福的心理來頌揚中正、愛護中正的積極精神，令人敬佩。

△段落分明，文意清楚生動，情感眞摯感人。

眉批

△沒參與競賽寫法很含蓄婉約。

△由「眾望所歸」四字，延伸出這麼多的話語，而且還滿幽默的，可看出「筆功」不差。

△「吸氣走過這條羊腸

校運會點滴

丁天欣

【題話】

每所學校每年都會舉辦一次校運會，因此每個學生常常會遇到這類的作文題目。所以大家要及早練就有關「運動會」的「作文功」。

上星期是咱們中正國中第三十六屆的校慶運動會。

一向被認為運動的那條神經斷掉的我，自然是眾望所歸的在自己座位上呆呆的參觀兼啃書！咦？或許你不解為何要「眾望」？唉喲，我就坐在那第一排，天王老子走過去都要跟我打聲招呼：「借──過！」才能把我的大頭緩緩的仰起，將腿歪一歪、桌靠一靠、椅挪一挪，然後那人才可以吸氣走過這條羊腸小徑。還真是麻煩……不過倒也

小徑」，寫來很是傳神，令人莞爾一笑。

△逮到機會，消遣導師二句，很爽吧？

△從文句中，影射出導師是教理化的，技巧好。

拜第一排這個大位所賜，看遠看近，那操場的一切皆盡收眼底……（雖然那陽光毒人、灰塵襲人）還見到不少令人可以回味一番的趣事哩！

我一向都認爲咱們的導師是既大牌又不可受侵犯的「老神在在」。但是那天一早，老師就像早上麥當勞、小騎士裡的打工學生，一身新制服，戴著很土的帽子在掃地，一身的勤快，似乎自己在偷偷哼歌的心情；朝陽拍得人人臉熱，老師大大的鼻子、白白胖胖又扁扁圓圓的臉，在他常提的「光的反射定律」之下，好像一小顆白蘿蔔似的晃來晃去。帶著些許滑稽的朝氣，帶起咱們師生那興奮的期待。

△司令台上的播報員，是自己的好友，當然也不能放過，來個「特寫」。好像活生生的影像，就在眼前。

△年輕人的豪邁，表露無遺。很生動，可愛的描繪。

△生病沒參加大隊接力，本來內心過意不去，覺得愧疚。末了用一句解嘲的話，使整個心境完全改觀，這種寫法真是「高桿」。

△結語太草率，似乎穩不住全文。

覺得很爆笑的，莫過於好友們在司令台上下大呼小叫、搖旗吶喊。因爲她們當司儀，所以不時發出「加油！」「努力！」；皓菱很有膽，她朝著心目中的帥哥大叫：「乃哥加油！Yeah！」手舞足蹈的欣喜。在我的眼中，像是影迷對著祟（崇）拜的偶像揮舞著雙手，差點喊「我愛你！」的激動景像（象）。

唉！月是有陰晴圓缺的，而人也是。很不幸的，運動會的第二天我病得很重，不能和大家共襄盛舉我們的大隊接力。不過，仍然有得名，我想自我安慰（解嘲的說）：「搞不好是妳（我）自己沒跑，大隊才能得名的哩！」

校慶運動會，你的收穫是什麼呢？

總評

△題目雖是「點滴」——只要和運動會有關的都可以寫，但是不能太偏離了「校運會」的主題，內容上多少要有競技上的「點滴」，才符合「主流原則」。

△平時要多運動，下一次的作文內容，相信會截然不同。

彩色筆（學用品的新詩一）

馮念慈

【詩話】

上完了蓉子的「傘」、梁雲坡的「射手」。我以「學用品」為題材，讓同學們自由創作。

黑色是灰暗，
綠色是生機，
藍色是開朗，
紅色是活潑，
一群有顏色的頑童，
幫我
道盡了我的心情變化。
故事

賞析

△各種顏色的特色，抓得很準確。

△末了還把一支支的彩色筆當成一個個的「顏色頑童」，真是妙喻。

△既然比喻成「顏色頑童」，就該賦予人性，「幫我」道盡了「心情故事」。

詩評

△「故事」是長久的、多樣的、人性的。「變化」卻只是短暫、單調、物理的現象，因此「心情故事」較貼切，不是嗎？

立可白（學用品的新詩二）

蔡緯屏

【詩話】

任何人都用過「立可白」，可是又有幾人寫過「立可白」的詩呢？

短小肥碩的尖頭小弟，
當主人正為錯字苦惱時，
他就成為救火員、清道夫；
成了拯救文字世界的大英雄，
難怪主人對著他，會露出會心的一笑。

賞析

△一開始就把「立可白」比喻成短小肥碩的「尖頭小弟」，真是新鮮和貼切。

△「救火員」救急，「清道夫」除污，真是拯救「文字」世界的英雄。

△主人有這位英雄，對著他，怎能不會「露出會心的一笑？」

詩評

△整首詩把「立可白」不但寫活了，而且也成了拯救文字的英雄。立可白如果在「紙上」有知，他一定很感激緯屏的。

粉筆（學用品的新詩二）

劉若梅

【詩話】

教室上課如果沒有粉筆，那有多不方便。所以我們用新詩來歌頌「粉筆」吧！。

我是學生的好老師（伙伴），
我（更）是老師的（好）分身」。
我總是」——
○○○○○○○○○○○
無怨無悔的掏盡一切知識；
我總是」——
盡心盡力的刻畫著同學的將來。
（不怕）直到生命漸短，

△如果粉筆是「學生的好老師」的話，下一句又怎麼變成了「老師的分身」？角色混淆。

△「我總是」底下沒停頓的意味，而是「拖長音」與下句連成一氣，因此用「——」號。

△粉筆和蠟燭一樣，都是「犧牲自己，成就別人」的無名英雄。

才有「不怕生命漸短，望學生們成材」的詩句。

只希望：

徒子徒孫

好徒兒們能一一成材。

「詩評」

△這首「粉筆」詩，對稱的技巧高明、圓熟。像一、二句對，三、四和五、六也對。雖然末三句句型沒對，但詩意卻緊密的連串成一體。

眉批

△作文一開頭就能扼要點明祈禱內容，很難得。

△接著用名言、諺語，說明願望是要靠努力才能得到，很有說服力。

神的旨意

蘇[illegible]黔

【題話】

本作文設計：依據八十七年台北市大理高中國文科推甄試題「引導式作文」的引言：某人常常向老天爺祈禱，祈禱老天爺把他變成：像孔雀一樣美麗、像獅子一樣強壯有力、像鳥兒一樣的自由飛翔、像富翁一樣有財富、像老天爺一樣萬能。前四次，老天爺就沈默不語，祈禱第五次時，老天爺終於開口說話了。假設你是老天爺，你要說什麼？為什麼？請你自由聯想，並將體會出的想法自擬題目，六百字為度，題目有創意的，酌情加分。

老天爺說：保護與創造你們的是我，我給予你們公平的一切，為什麼有人（還要）像孔雀般美麗、獅子般強壯，及富有的身世？他們（這要）是靠自己努力（才能）得到的。（你知道嗎？）愛迪生（是）如何受眾人景仰（的）？他說：「靠著一分的天才和（，）九十九分的努力。」（所謂「）一分耕耘，一分收獲（穫」），（「）天下沒有白吃的午餐」（……），皆是在說明這個道理，希望你可以了解。

△反面說明人的慾望，不見得就是美好的，所以用不著祈求。暗中告訴祈禱者要知足。

△一個人萬能不見得是好事；除了忙碌不堪外，如人人萬能，那就失去了做人的價值——少了樂趣，沒了鬥志。

貪心的人，是不會有好結果的，你不知道嗎？人，皆是有欲望的，但是想得到什麼，就可以得到什麼嗎？不可能。有人長得漂亮，但臉上卻有一顆大黑痣；富有的人，家庭並不一定美滿。人不會十全十美的，所以自己理當想的開，不要貪婪別人的財富，一味的羨慕別人，其實，自己也是有很多的優點，用不著來和我要求什麼。

和我一樣的萬能，也許你認為是一種好事，但事實並非如此。一旦你萬能，那每個人天天來向你祈禱他要什麼，他希望怎樣，自己忙不可支，你會快樂嗎？如果人人都是萬能的，那活在世上，會有什麼趣事可言嗎？

△懂了道理以後，便要付之實踐，所以勸祈禱人奮發向上，嘗嘗成功的滋味。

△最後強調要成功需靠勤；光祈求是沒用的，並呼應首段的道理，技巧很高明。

還需要立什麼志嗎？

[請]你自己自立更生吧！當你得到自己因奮發向上而成功的成果[時]，哇！那你會非常有成就感的！自己充滿了信心，四周洋溢著成功的氣息，你有沒有嘗過這種滋味呢？如果沒有的話，你去試一試吧！勤，是踏上成功必走的路，好逸惡勞，是不會[有]成就的！趁著自己年輕，去[開創]做自己的一番事業吧！光在這裡祈求是沒用的！加油吧！我祝福你。

總評

△自由聯想的作文題目，要理出漂亮的頭緒，是很不容易的。本文首先點出老天

爺公平創造人類，爲什麼還有人不知足？很技巧的給後續論説留下伏筆。

△勸人不要貪求的理由，説得很委婉；無需「萬能」的道理，更具説服力。可惜獨缺了「像鳥兒自由飛翔」的願望，沒碰觸到。

△末了鼓勵祈禱人奮發向上，開創事業的一番話，更是令人折服。全文布局高明，有一氣呵成之勢。只是段落標點修飾、錯別字等尚待加強。

△題目定爲「神的旨意」，不夠貼切，也太神化，不如改爲具體有力的「凡事靠自己，祈求無用。」更切合內容，妳認爲呢？

（本範例刊登於「明道文藝」二八八期八十九年三月號）

眉批

△「都不行」突然冒出，會令人以為是說話句，所以加個「的傢伙」，就不會令人誤解了。

△老天爺也會出口成「髒」罵人，不可思議！

△「都不行」的名字，取得妙！

老天爺也瘋狂

謝天祐

【題話】

「創意作文」的精神，就是要顛覆傳統的呆板、乏味。本文就是最佳例証。

「都不行」又來了，他已經連續來了七七四十九天了，每天的祈禱不外乎是英俊、強壯、飛翔、財富：看看他今天又有什麼新把戲：「老天爺啊！請讓我跟您一樣萬——能——吧！」「你想得美！」老天爺終於被逼得受不了啦！火大了！

「混蛋！荒唐，這實在是太荒唐了！都不行啊都不行，你果然是名符其實的『都不行』。英俊，你想要英

△虧你想得出閻羅王是「同性戀」者，你的腦袋瓜子真厲害。

△誇大的言辭，令人讀之夠「爽」！

△真是「吹牛不打草稿」！不過，這種寫法，可讓人留下深刻印象。

俊嗎？你難道沒聽過紅顏……啊！不對，你不是紅顏，你難道沒聽過『英年早逝』嗎？咱們閻羅王最愛英俊瀟灑的男性了，你難道不知道他是同性戀嗎？再說，內在美比外外在美重要多了。什麼？你也沒有內在美？笨、那就快去培養啊！豬頭！」

「強壯？你想像喜瑪拉雅山一樣堅挺不拔？更荒唐！老子的體格只像玉山，你想比我更堅強？不准。啊！不，不是這個意思，我是說，要強壯、去練啊！我活了一百億年、每天做一千下伏地挺身，三千次仰臥起坐。嘿嘿……喜瑪拉雅山比玉山高二倍多，你應該知道怎麼做了吧！」

△利用趙傳的「我是隻小小鳥」，化解了第四願「想飛」的夢。妙招！

△「發財夢」用「身外之物」、「書中自有黃金屋」等撥回，這一套「太極拳」的功夫，真是高桿！

「想飛！愛幻想，去讀軍校，開軍機該夠爽了吧！什麼，不爽！我都還不會飛，你想超越我，~~不可能~~門都沒有！不爽、我教你，唱：『我是一隻小小小小鳥……』怎樣。什麼，你不會唱，笨！我不是已經在教你了嗎？快跟著唱！」

「你想擁有比比爾蓋茲更多的財富？我呸！錢財乃身外之物，你沒讀過嗎？什麼？你的學歷是國民小學畢業！連聽都沒聽過，那你還有時間祈禱，快去讀書啊！想擁有錢財，去讀大學、論語、孟子、中庸呀！啊！錯了，是經濟學！笑、笑什麼笑！在我眼裡，萬物皆財寶，書中自有黃金屋呀！什麼？你說我價值觀有問題？

△最後回到讓老天爺火大的「萬能夢」。用人類自己常說的「雙手萬能」，來勉勵「都不行——」只要好好的利用雙手，便是稱得上「萬能」了，到時候「都不行」將變成「都可行」了。

凡夫俗子怎能了解我（的）心感受呀！」

「萬能？哼（哼）！萬能是我的專利！別人休想有！啊！

不是啦！你沒聽過『萬能的雙手』嗎？有聽過！好，你（只要）

~~有十~~（好好的利用這）雙手，你（將）~~已經是萬能的人了！滾回去吧！哼！荒唐！荒唐！」~~（那時候你的名字該改為）

『都可行』了。哈！哈哈！再見了！以後可別再來煩我了喔！」

總評

△老天爺再怎麼瘋言瘋語，到最後可要回到「正常面」，達到教化的作用，才有「作文」的價值，所以老師動筆徹底修改一番，語氣上不失為「也瘋狂」，用心上這才是「老天爺」本色。

△這篇瘋言瘋語的作文，任何人看了，都會喜歡得不得了，這就是「創意作文」可愛的地方。

給自己的一封信

（應用文習作）

楊先雯

【題話】

現在的年輕人，叛逆性愈來愈強，又不喜歡父母、師長多說二句，因此很難溝通。若要他們有所精進，只有靠多樣化的激勵，像本文「給自己的一封信」，就是一種很好的自我惕勵法。

給像我的「你」：

我不知道要說什麼？好像有很多話，又好像一句也沒有。也許是因爲這是第一次寫信給你、第一次對你說話，所以有些緊張吧！

你一天天的長大了，但我似乎還不太了解你，不知道你到底要什麼？不知道你的理想、你的目標？但我卻漸漸發現，你一天天的長大，也一天天的成熟，會去想

眉批

△因為第一次寫信給「你」，所以不知如何下筆？寫來親切、得體。

△人是一天天長大，但你似乎沒長大後的目標、理想。

△人是一天天成熟，會想一些事、會體諒別

人，但童心未泯。

△是個頑皮鬼，不怕父母，只怕老師。在學校裝成「乖寶寶」；出了校門是愛哈拉、不紮衣服的「壞」學生。

△不愛讀書，只愛黏電視、玩電腦，可以一天二十四小時不閉上眼睛，只為了找偶像、音樂的蹤跡，所以人不到十歲就成了「四眼田雞」。

△敢說出這些缺點，想必在心中有一段長時間的煎熬，相信你一定有心改善。

一些事、會體~~會~~諒別人，但心中卻依然保有童稚之心！

我想你大概是個頑皮的人，在一生中最怕的人不是父母、而是老師。在學校總是一個乖寶寶的~~型態~~模樣，但放學的鐘聲一打，腳一踏出校門，馬上脫胎換骨成了另一個愛哈拉、不~~札~~紮衣服的壞學生！

我知道你不愛讀書，甚至連看漫畫、小說都會看到想睡覺。但一黏上電視，一碰到電腦，就可以二十四小時不閉上眼睛，努力找尋偶像、音樂的蹤跡，也因爲這種嗜好、這樣的習慣，在三四年級就成了「四眼田雞」！

才談一下你的事而已，看來你一點優點都沒有，眞

△勸人改過遷善，不可冒進，可用迂迴戰術或旁敲側擊。這點先雯寫來很有一套——表面上說沒關係，暗地裡卻「鴨子划水」。——從那兒可以得到證明？「不管是在哪一方面，讓我們一起加油吧！」

△結尾的敬語、末啓詞、時間等，要寫完整，才合乎一封信的格式。

該好好檢討一下才是！但是現在還是國中生的你，總是（是不）
（常）會告訴自己：「再多玩幾年吧，（！）不再（用）這麼快長大，不用
太快煩一些大人煩的事，那多痛苦！趁現在好好瘋狂一
下、放肆一下吧！」

不過（如果是），沒關係！你還有很長的路要走，再慢慢改變
自己也可以。不管是在哪一方面，讓我們一起加油吧！
因爲你就是我啊！

順祝

萬事如意

像你的「我」敬上

八十八年五月二十七日

總評

△讀完信很令人感動，因爲敢忠實地寫出自己不爲人知的一面。

△對自己很有自知之明，文章寫來生動有趣。

堅定信心、積極

樂觀進取的態度

（閱讀作文一）

楊雅竹

【題話】

本作文設計是依據八十七年度，台北市大同高中國文科推薦甄選試題「閱讀作文」項目中，而設計出來的作文教學：

說明：請從下面二則故事中所獲得的共同啓示，自擬一個題目爲文，並結合你曾有過的經歷，或生活周遭的例子，撰寫一篇三百至四百字結構完整的文章。

1. 趙老闆運了一船鮮蚌在海上航行，阻於風浪，誤了歸期，滿船蚌肉都腐爛了，老闆見血本全部損失，急得要跳海自殺。船長勸他：「等一等，也許你還剩下什麼東西。」他率領水手清理船艙，從滿船爛肉中找出一粒明珠來，它的價值足以彌補貨價和運費而有餘。

2. 兩家製鞋公司都派員到非洲去調查當地的市場，兩人在非洲所見相同，其中一人拍回電報向公司當局報告：「毫無希望，這兒的人根本不穿鞋子。」可是另一個調查員拍回去的電報大異其趣，他說：「大有可爲，這兒的人都還沒穿鞋子。」

（節錄自王鼎鈞《開放的人生》）

眉批

△先把二則小故事的概要點明，是正確的方法。

△一「絲」和一「線」的希望，差別是很大的。

△舉出現今社會中，令人咋舌的怪現象，而談到人要面對挑戰，很切合前文。

△後半段可獨立成段。

△把「挫折」當「挑戰」的論點，很有說服力。

在這兩則的故事中，趙老闆因一時的不得意而想跳海（；另二位）售貨員（後）先打回來的電報，他同樣面對一件事情的（，）態度卻是不一樣（的結果），船長及後來那位售貨員卻抱著積極樂觀的心情來面對，不但最後獲得一絲（線）希望，也使自己的未來點亮一盞燈。

而看看在這瞬息萬變的社會中，打開報紙一看，常常有人因感情糾紛（、）龐大的功課壓力，就一時想不開，就跳樓自殺，不然就是情殺。不禁令人咋舌啊！（分段）

人生的路途中，難免會（遇到）挫折、打擊，也許（會）造成身心的傷害，但換個角度來思考，這或許是上蒼給你一個挑戰，看你如何渡過這重重難關，找出自己的人生志（方）向。

△更進一步引用名言強調「從失敗中站起來」的可貴。

△一次次的提醒：遇到挫折，要堅定信心、樂觀，掌握自己幸福的未來。

「不禁一番寒徹骨，焉得梅花撲鼻香」，沒有經過大風大浪的考驗，怎麼會激起美麗的浪花呢？看看古今中外的偉人，哪一個不是在經過一次次的失敗中，重新反省檢討，再一次次自己重新站起來的。（分段）因此，我們在面對人生許多的挫折時，更應該堅定信心，有著樂觀積極的態度來處理，跌倒了，要自己爬起來。未來的幸福是掌握在自己手中，不要害怕失敗，說不定它將是你人生另一個轉捩點。朋友！加油吧！

△闡述道理的筆鋒銳利，很有說服力。

△句子中的「贅字」和「落字」不少，原因是寫完沒做好檢查修飾的工夫。
△依據內容，題目要略加修正，才更切合內容。

眉批

△先略略的談出一點和故事內容有關的看法，作為「開胃菜」，很鮮的寫法。

△夾敘夾議的寫法很清晰、自然另有一番滋味。

樂觀奮鬥（閱讀作文二）

陳柏菁

【題話】

同樣的二則故事，不同的人來看就有不同的審法和寫法，特地找出另一篇讓你比較學習。

每一個人，對同一件事情的看法都不同，所以每個人的生活都過得不一樣。

樂觀的人，生活過得比較快樂，不會因為一點小挫折，就要自殺〔。〕這些人〔尋短見。〕，往往〔則〕可以活得較久，因為他不會想要去自殺〔。〕，就像有一篇故事：有一個賣蚌肉的老闆，他因為〔船〕運蚌肉，誤了期限，所以〔因此〕蚌肉都壞了，因此〔所以〕他想自殺〔。〕，但船長叫他不要自殺，還跟他說：「去看看

△不同的故事，該分段了。

△關係詞的用法要多加強。

△首尾緊密配合是優點。

船艙還有沒有什麼值錢的東西！」果然他找到一顆明珠，而且還有賺。就因爲船長的樂觀，所以他才會找到明珠，而他不會去自殺。還有一篇故事，就是：有二個調查員，去非洲調查在非洲賣鞋子好不好。但兩個人調查結果卻不同，一個說：「非洲人都不穿鞋子，所以不好賣。」一個說：「非洲人都還沒有鞋子穿，可以賣。」

就因爲看法不同，樂觀的人，可以有較多的機會，而且可以做好事，所以，每一個人對事情的看法，要往好處想。

總評

△作文當成平常的說話來寫，自然、易懂、不做作；缺點就是文句鬆散、欠洗鍊。例如：「非洲人都不穿鞋子，所以『不好』。」；「還沒有鞋子穿，『可以賣』。」前句改「沒賣點」；後句改「大有可爲」。看！有多貼切！

眉批

△引用韓愈的名言，來說明老師的偉大，開啓本文的序幕，真像「鳳頭」那樣漂亮。

△急轉直下談到現在學校教育的亂象，發現師生關係不和諧的問題，因而轉入正題。手法俐落、自然。

如何建立良好的師生關係

李悅娉

【題話】

國文課本第四冊第十三課「討論與練習」第四題：「要建立良好的『師生關係』，有那些方面值得我們共同努力？」之下，所設計完成的作文題目。

韓愈說：「古之學者必有師。師者，所以傳道，受業，解惑也。」老師是多麼偉大，多麼令人崇拜，自古以來，老師的地位是可媲美天地君親呢！

但近年來，不論打開報紙，收看新聞，都不難發現，師生間產生了不少問題，學生毆打老師、口出穢言等事情層出不窮，眞讓人懷疑起：是現在老師太溫和，任學生爲所欲爲，還是學生太惡劣，老師已無能爲力了

△冒題法的應用很圓融。

△要怎樣建立呢？

1.老師要多了解時尚流行的事物，和學生多互動，師生打成一片。

2.老師少在台上口沫橫飛似的講課，多以遊戲方式讓師生一起參與課程內容。

呢？因此，要如何建立良好的師生關係，便成了現在的教育當務之急了。

但要怎麼做呢？下面幾點大可做爲老師和學生的參考：

1.現在的社會已太多元，學生們的思想、觀念也和過去差太多了，正是所謂的「Y世代少年」，因此，老師不妨試著去了解一下時尚流行的事物，在課堂上和學生有所互動，那麼學生們也就不會總覺得老師總是呆板、固執，慢慢的，師生間便能培養出好的感情來。

2.在課程的教學，老師們認爲可以的話，倒可以不必一個人在臺上口沫橫飛的解說無聊，反而可以以遊戲

3.學生要了解老師的所作所為都為我們好，所以學生也要用心地去營造師生和諧的關係。

△以上三點觀察入微，分析客觀，的確可以促進師生關係。

△最後強調老師在一個人成長過程中，扮演了重要的角色，所以大家要努力建立良好的師生關係，來開創美好人生。

的方式，師生一起參與，久而久之，師生關係上也就有了很好的默契，老師在傳道授教，學生們也較能夠接受和吸收。

3.在學生方面，同學都知道老師所作所爲都是爲我們好，只是每天面對刻板的面孔，難免覺得枯燥。所以，建議大家，不妨藉由自己的提問，讓老師來替我們排難解紛，這也是增進師生之間互動的好方法呢！

老師在我們的一生中，是扮演著一個非常重要的人物，老師的一言一行，都是影響一個人的關鍵，所以，讓我們在師道日衰的今日來建立良好的師生關係吧！

總評

△本文的重點在「如何建立」，「如何建立」的關鍵在於老師怎樣改進教學方式？如何和學生互動？這方面悅嫥的觀察入微，見解精闢；可是在學生方面怎樣和老師建立互動關係，則著墨太少，只提藉由提問來增進師生互動是不夠的。事實上，諸如尊師、重道、勤學、有禮貌等觀念的建立，皆是與老師產生互動的最佳方式。

先刮刮自己的鬍子

(由廣告詞寫起一)

謝易安

【題話】

電視是青少年兒童們每天所不能或缺的朋友；節目中間插播的廣告，更是青少年平日交談的次級文化。因此導引他們正視優質廣告，是很重要的課題。

多年前曾在電視中看到一則刮鬍刀的廣告，它使用了一個兩全其美的廣告詞，既能推銷產品，又能令人深省的詞句，內容是：要刮別人的鬍子，先刮刮自己的鬍子。

的確，在我們日常生活中，許多人總愛多管閒事，自以爲是地去糾正別人的過失，殊不知原來自己也是「這麼一回事」。例就好比一個肥胖女人對著鏡中自己

眉批

△想起「刮鬍刀」的廣告，一語雙關，選得好。

△例子雖然還算切合，但總覺得貼切性不夠強烈。或者可多舉一、二個，使道理更清楚。

△對文意無助益的贅詞不少。通暢性、明白性尚待加強。

的影子指責，還不知是在打自己的嘴呢！
道 巴

所以，我們要好自爲之，在企圖駕馭他人之前，先
指責他人之前 或 ○○○○○○○○時

要能管理自己，雖然實際並不比說來得容易，但我們仍
○○○○好○ 踐時 的

要告訴自我，不斷地檢討、改進，要能見賢思齊，見不
己： 人要 ；

賢而內自省，才能成爲一個謙虛的人。
、完美

總評

△其實「要指責別人前，先要求諸自己」的道理還很多，故要多發揮。

關心自己，也關心別人

（由廣告詞寫起二）

李悅嫥

【題話】

普遍受青少年喜愛的「豆豆看世界」，裡頭有一則發人深省的廣告詞，你注意到沒？

在使人發出會心的一笑的流行廣告「豆豆看世界」中，有一句廣告詞：「關心自己也關心別人。」大家在欣賞這可愛的廣告之餘，不知是否想過其所蘊藏的意義呢？

在我們人生的社會裡，是不能獨立獨行的，除了端賴自我，更需要的是別人的關心。也就因為這樣，我們更要付出關心於更多的人群。首先，一定要知如何愛自

【眉批】

△很溫馨的引出一則廣告詞，並用設問法和讀者「共鳴」，是很有技巧的寫法。

△為什麼要關心別人？道理說得清楚、明白，幾乎沒有可以反駁的餘地。

（批改：「也」前加「，」；「欣賞」前加「則」；「人生」改為「所處」；「獨立」改為「特立」；「人群。」後加「如何關心呢？」並分段；「知」後加「道」。）

△所談的事項、內容不同時，記住要分段，好讓讀者的觀念能夠釐清。

△排比的句型讀起來，好像成功嶺上的「震撼教育」，很有令人振奮的作用。

△末了以「篤志力行，發揮愛心」來期許大家，有「畫龍點睛」的作用。

。

己」，懂得愛自己，才曉得愛別人」；進而推己及人，把這關心散布到~~各地去~~每個角落，使世界不再有黑暗，使社會不再有死角，使家庭不再有陰影。（分段）

更重要的是，一定要篤志力行，發揮自己的愛心，一起來「關心自己，也關心別人」吧！

總評

△倡導性的作文，首重道理闡述要簡明扼要，要讓人信服，本文都具備了這些優點。

用心把每一件事做到最好
（由廣告詞寫起三）

張朝棟

【題話】

陳水扁先生已當選中華民國第十任總統，他說過的名言不少。你想知道一、二嗎？

有些人做事一下（子）就完成，有些人則否，這完全是看他有沒有「用心」。

人生在世，並不是（都）能夠天天順利（地）把別人交代的事做（得）到盡善盡美，但是只要我們秉持著用心、認真的心態，即使失敗，也雖敗猶榮，值得讚許。

阿扁也（曾）說過：「既然能得第一，為什麼（還）要拿第二呢？」我非常欣賞這句名言，只要一有競爭的時刻，我

眉批

△藉「用心」來區分人可分二種人。直截了當的破題，筆法俐落。

△何謂「用心」？看法平實易懂，每個人只要有心，便能做得到。

△道理發展至此，很自然的帶入阿扁的名言。

△因為心中謹記這則廣告詞，所以在競爭的時刻，皆會全力衝刺，對同學們很有激勵作用。

△最後還不忘記提醒人們：在人生的道路上難免有挫折，但只要「用心」剷除它，沒有不如願的。結論簡潔有力。

都把這句話謹記在心，使我全力衝刺，雖然不是每次都有甜美的果實，但是我也會感到快樂，因爲我已經很用心的把它做到最好了。

　在日常生活中，難免會遇到挫折，如果我們能將挫折當作邁向成功大道上的荊棘，用心去剷除它，把我們堅強的實力呈現給大家，這樣也會令人刮目相看呢！

總評

△全篇作文裡，句句都是佳句名言；處處都是激勵人心向上的箴言。

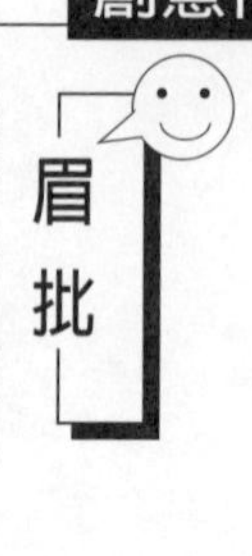

眉批

△攝影機拍場景時，先拍整個臥房，再移向睡床，最後是憶暄睡態的特寫。

誰最重要？（小小劇場一）

簡宜蓁

【題話】

劇本寫法與一般文章不同，先要介紹場景、人物、時間、和開場（幕啓），給觀眾作背景上的了解。目的使觀眾更容易接受劇情。

場景：國三女生憶暄的臥房、睡床、身體。

人物：手、腳、腦、心臟……等人體器官。

時間：某天晚上十二點。

開場：已經很晚了，憶暄也已經在床上睡熟了，這時……

右手：我覺得我越來越厲害了，沒有我，不能寫字、吃飯，很多事也不能做。

左手：你說得對，我們倆實在太重要了。

△戲劇通常以道白為主，再輔於動作、表情。

△故事的發展，靠對話來貫穿。對話要緊緊抓住主題，發展要乾淨俐落，不可拖泥帶水，像此文很能把握此要點。

左、右腳：（清清喉嚨）你們別太囂張，沒有我們兩兄弟，你們哪（兒）也別想去。

耳朵：你們在說什麼呀！沒有我，什麼都聽不見，也不知到底發生什麼事。

眼睛：你這麼說，那我可就更重要了。沒有我，啥都看不見，什麼事都別想做。

鼻子：（非常氣憤）沒有我和肺負責呼吸，你們連命都沒有。

口和胃：沒有我們和大、小腸負責消化食物，細胞便沒有熱能可活動，也一樣會死。

肝：我也很重要啊！可解毒、分泌膽汁幫忙（助）消化。

△大腦是本劇的關鍵人物，他的出現很對時，話也強而有力。可惜在大家不服他時，所說的話不夠周延，也欠說服力，所以老師才大力補強。

△大腦第二次的重要談話，是本劇的轉捩

腎、膀胱：我們從今以後不排尿了，看看誰〔比〕較我們重要。

心臟：一群笨蛋，我才是最重要的，我只要休息幾分鐘，包管你們永遠都動不了。

大腦：（正在打呵欠）吵什麼吵，沒有我〔的〕命令，你們在吵什麼！

手、腳：其實我們已忍你很久了。憑什麼都要聽你的，你就只會命令我們〔不停的做〕，自己卻在那休〔兒納涼〕。

鼻：我和肺一定要罷工，讓你看看我們多重要。

心臟、肝、腎：沒錯、沒錯，我們也要參加罷工。

〔大家平常看到我好像不動、不做事，其實除了睡覺時能稍事休息外，我無時無刻不在為大家服務。〕

大腦：〔說實在的，〕大家都是很重要的，只要缺少〔你們其中一位〕，就會不

點，中間要利用「靜默」，來加強效果。

△劇情發展到後面，是走進高潮階段，所以要多著墨。

方便，甚至造成生命危險。

（大家沈默下來低著頭，很不好意思。）

口和胃：大腦說（得）的對。大家在一起（分工合作才）是最有用的，若是一（某）（個）項項分開，都是廢物。生病了或出差錯了，那麼大家不就倒楣了，主人可能就有一場大災難了。

心臟、肝、腎：這樣沒錯，（說得很對！一點兒也不假。）沒錯只要大家分工合作，都是最重要的。

手、腳：我們太不該了，以後一定要好好合作，完成每（主人交付的）一件事（任務），來顯示我們的價值（，突顯出我們的重要。）。

總評

△本劇本在描述身體各器官的功能和重要性，更強調他們之間分工合作的重要。所以寫作前必須勤找資料，徹底了解身

體各器官的功能。這方面宜著做得不錯，但尚可更深入了解，劇本會更有看頭。

△身體各器官全部擬人化，所以說出來的話，都很親切、有眞實感。可惜動作、表情的描繪似乎嫌少了些。將來演出或拍攝時，這方面尚待加強，演出者才有所遵循，很稱職地扮演好各種角色。

眉批

△平常劇本的「人物」寫法是正確，可是此劇本卻有些不妥。可改寫成「演員」較無爭議。

△「心」的話來得太唐突，前面可否再加幾句「開場白」，寫出

誰最偉大？（小小劇場二）

張朝棟

【題話】

同樣的主題，讓同學腦力激盪，創作出不同的劇本，是一種很值得推廣的訓練。

場景：夜闌人靜，小聞的體內……

~~人物~~ 演員：心、肝、肺、腎、腸、胃、大腦、血液。

時間：~~某年某月某日，~~ 在夜闌人靜的 午夜一點多。

幕啓：雖然小聞已進入夢鄉，但她身體裡卻傳來爭論的聲音……。

……

心：眾兄弟們，今天一定要給我弄清楚，到底誰對小聞最有幫助!?（激動!!）

「心」為什麼這麼「激動」？

△這些「好鬥」份子的惡形惡像寫得入木三分，神氣活現。

肺：當然是我啦，如果沒有我，小聞就不能呼吸，一切生命現象就必須終止，所以我最偉大！（高傲的口氣，得意的表情。）

肝：才怪，少臭美了（不屑）！如果小聞沒有我啊，她體內的毒素可就橫行無阻囉！（冷酷的眼神看向肺，並露出奸笑）嘿！怎樣，甘拜下風了吧!?

胃：那有什麼了不起，小聞吃下的任何東西，都必須經過我這一關，好東西，才可通過；壞東西，就會被我的手下（指胃酸）好好的「照顧照顧」！想要取代我？天下找不到第二個囉！

腸：拜託一下，各位！如果沒有我，所有的營養就跟一

△腎的功能寫得貼切、得體。

堆廢鐵一樣不值錢，讓它們白白流失掉了，而且如果我一有毛病，就會牽連到全身上下各部位，你們說，我偉不偉大？

腎：你們簡直是小巫見大巫，如果沒有我，小聞體內的毒素怎麼排出體外？何況我另一個或我們兩個雙胞胎兄弟沒辦法正常發揮功能的話，小聞就必須開刀，洗腎或吃藥治療，沒有一項不花費大筆的銀子的，豈不是拖累了一家人嗎？（表情故意裝做很嚴肅）

心：（咳嗽聲）可是你們有沒有想到，如果我一秒鐘「罷工」，只要一秒鐘喔！小聞會變成什麼樣？說來

△血液的默默耕耘，和前面的角色成對比，安排得妙。

△大腦講的話，很有技

說去，還是我最偉大！（顯得沾沾自喜）

這時候，血液只是默默的工作著……

肝：喂，把這髒東西帶走！（輕蔑的口氣）

血液：好！

肺：把氧〈氣〉送到心臟去，快！

血液：沒問題！

心：天哪，血怎麼那麼髒?!〈！〉（很不耐煩）

血液：〈……〉（沒說話）

接著，大家又繼續爭論不休，不過聲音似乎吵到了

大腦……。

大腦：各位，不要再吵了，你們爭這個有何意義呢？看

巧，也很夠份量，穩住了前面亂糟糟的局面。

看血液，他工作份量不比你、我少，但他卻任勞任怨，不跟你們爭任何事，甚至你們還會惡言相向，他也不計較了，你們竟然還不滿足!?其實每個器官都很重要，各有各的工作，息息相關，環環相扣，小聞必須靠你們每個人分工合作，不分你我，還要永保正常，小聞才能每天有健康的身體、充沛的活力，在學業等各方面才能有突出的表現，所以呀……（提高音量）你們都最偉大！

（幕閉）

總評

△若想把「小聞」體內的器官作爲創作劇本的素材，先決條件是要具備人體器官功能的豐富常識，再加上熟練的擬人技巧，流暢的對話，逼眞的動作、表情的描繪，這樣才能盡全功。這些朝棟都已完全具備，所以才能寫出這麼出色的劇本。

眉批

△三、兩句話，就寫出如何觀賞到影片的。真是簡明扼要。

△把庫伊拉的殘暴、貪婪詮釋得維妙維肖。

當小小影評人

——試評「一○一真狗」

余宛蓁

【題話】

年輕人最愛去、最常去的場所，大概是電影院了。如果把教室當成電影院，選部很有教育意義的影片，觀賞後也能寫出影評，那是多「酷」的作文課。

隨著時代的進步，電影院已成爲時下年輕人每逢假日必去的場所。今年的暑假，國文老師特別播放了一部精彩的電影「一○一眞狗」，且要我們當個小小影評人。

劇中的大反派主角——庫伊拉，是個酷愛各種動物所擁有的美麗花紋者，她不擇手段的對動物予取予求，不尊重生命，把壞蛋的殘暴、貪婪詮釋的（得）淋漓盡致。剛

△安妮妲和羅傑如何結為夫妻的有趣經過，若能描繪出來，將使本文增添不少趣味性。

△這段故事是影片中最有看頭的地方，很可惜寫得太平淡了些。

△能注意到配樂的「音

開始，女主角安妮妲因爲大麥町狗安佩蒂的關係，而結識了男主角羅傑。在偶然的機會中，庫伊拉看到以大麥町狗的毛皮所設計的衣服，便開始收集小狗的毛皮。這時安妮妲和羅傑的狗夫妻正好生下十五隻小狗，所以成了「庫」的目標。

「庫」的手下在偷了小狗以後，將牠們藏起來，這時許多動物紛紛跳出來幫忙「彭哥」、「白佩蒂」，與壞人們展開一場既鬥智及逗趣的營救場面。歷經千辛萬苦，終於救回了包括十五隻在內的九十九隻小麥町狗，並且也成功的逮捕了庫伊拉和三個手下。

這部電影的配樂，我認爲做得相當成功。在緊張

效」，很了不起。這是別人容易疏忽的地方。

△對影片的評價中肯、得體、有深度。尤其動物之間幫助之後，不求回報的精神體會，很令人類汗顏。

時，音樂使人心驚膽跳；逗趣時，連音樂都令人哈哈大笑；悲傷時，音樂配得讓人聽了泫然落淚，整個心都跟著音樂起伏，似乎已經渾然忘我。

　本片的劇情高潮迭起，親切感人。整齣戲在說明動物之間的感情，那種幫助之後而不求回報的精神，老實說是人間鮮有的現象，令人看了會從內心發出感動，這大概是製作人想要啓示我們的地方，也是電影本身藝術價值的所在，難怪可以堪稱爲迪士尼公司的年度大片。

△整體評論布局嚴謹有序，只是劇情的介

紹，所佔的篇幅太多，評論、感想、啓示，相對的也就太弱了。

△「一〇一眞狗」的劇情是以逗趣、感動人為主戲，這篇影評所展現出來的，在這方面沒掌握得很好。

眉批

△因為這是第一次碰到的「可以上電視的作文課」，所以曉雯一開始不禁想起升入國中二年多來，一次次的「創意作文」，但只提了「果」，卻沒指出「因」，因此補上一句，作為完整的段落，也給本文一個伏筆。

一堂可以上電視的作文課

呂曉雯

【題話】

編了劇本就要演；一邊演戲，一邊錄影，當場再從電視中放映出來，讓同學們觀賞，這是多麼新鮮有趣的作文課。

從以往的經歷到今日的體驗，我開始深深的覺得，身爲國文（林）老師的學生，必須具備取之不竭、用之不盡的精力與勇於嘗試的勇氣，（否則你就跟不上老師的腳步。）我到現在仍然搞不懂他那異於常人的腦袋和滿肚子的怪思想（新點子），我只能說，這個老師怪怪的，就像今天的作文課，老師前幾天語出驚人的道出了內幕，他要我們「上電視寫作文」。短短的一句話，就令全班同學爲之瘋狂和興奮，大家決定用喜悅的心（情）來迎接

△早上期盼的心情和下午備戰狀態，在時段、事情上截然不同，故可以分成二段。

△作文時寫數目字，通常以國字為宜。至於V8是專用名詞則例外。

△第三段的用字、遣詞修飾不夠細心，標點也疏落了不少，這是需要改進的地方。

這令人快樂的一天。

期待的一天終於悄悄的到來了，早上的課，全班安靜的上完，彷彿在爲下午的國文課醞釀情緒，午睡醒來，就見有些同學蠢蠢欲動，耀耀欲試，大家都想嘗嘗上電視的感覺。老師拿著V8隨著上課鐘走進教室，大家的情緒就像進入備戰狀態，既興奮又緊張，當所有的事都準備好了，大家進入主題，我們上電視的主題是九二一地震的省思。

由主持人丁天欣的報導開始訪問有關地震的種種事項，而被訪問的人物是本班的老師及具有個人風格的老師。同學都扮演的微妙微肖，尤其李悅娉的「豬太郎」、張

△這一堂「上電視」的作文課，雖然不敢說是絕對的特別，但起碼是空前，對作者來說將是終身難忘。
△末了那二句「我會把這很特別的記憶風乾

朝棟的「翁啦啦」，都讓人看了就知道是哪位老師，連口氣、動作都令人一目瞭然，且全體表演來說充滿笑料，獲得同學們的滿堂喝采，這節作文課就在快樂的舞台上落幕了，當回顧影片時，我看到的是滿溢著歡笑及溫馨的畫面，以不同的方式來演出九二一地震的省思，特別的是有些人雖然並未參與演出，但卻都在電視上看到了自己，我想這是一個全新的體驗，電視機前的我看著電視上的自己，第一次如此客觀的由第三者來觀看自己，眞是很新鮮、也很特別。

雖然我不曉得，以後的日子，上的課有多麼特別，但我知道我不會忘記今天的國文課帶給我的感覺，及和

起來……」，可說穩住了全篇陣腳，也呼應了前文。

同學們一起「上電視」的情形，我會把這很特別的記憶，風乾起來，好好的收藏著這令人難忘的經驗。

總評

△全篇的結構布局，經過深思熟慮，只是用詞遣句方面，也許因爲「演話劇、上電視」所帶來的震撼，造成不少的疏落瑕疵。

△寫作時，時段不同、事情不一樣時，通常要分段，以免造成過長的段落，帶給作文的「擠壓感」。

△能夠緊緊的把握住作文課可以「上電視」爲主軸，來貫穿全文；漂亮的辭藻，美妙的描繪，感人的傾訴，是一篇可圈可點的佳作。

（本篇刊登於「明道文藝」二八六期八十九年元月號）

賞析

△吸塵器除了拖著長尾巴、發出聲響外，它最主要的功能是「吸塵」——愛乾淨，為了詮釋更周延，所以加一句。

△「凡走過必留下痕跡」這是大家公認「阿亮」的名言，所以要點明，才合乎著作權。

吸塵器（家庭用品的新詩一）

馮念慈

【詩話】

家庭用品的新詩，因為同學們經常在使用、接觸，因此比較熟悉，容易揮灑。通常卻從功能性和外型切入，再以和人類的互動關係、影響或感懷作結。下列三首大致如此。

拖著長長的尾巴，
總以愛乾淨與人親近，
總以聲音來引人注意，
得
。
形象好的讓人都願意追隨，
正如某藝人說的：
而且，
凡走過必留下痕跡，
更帶給人們清爽的環境。

總評

△整體來說，全詩的意境雖完成了大半，但不夠完美，因此末了再加一句。

△吸塵器的外型、聲音、功能，以及和人互動的情形，都能親切、生動的用詩描繪出來，實在很不簡單。

賞析

△一開始就擺明了「鏡子」是千變萬化的神密客——千面人。

△接著同時用一句四個字的對稱句，一連對了三次，說出鏡子的多變。

△因為四字一句，二句一組（聯），所以朗誦起來，真是鏗鏘有聲，還令人搖頭晃腦，韻味十足。

鏡子（家庭用品的新詩二）

鄭安婷

【詩話】

現在的年輕人愛美、愛耍「酷」因此照鏡子是他們常做的事；寫詩時，也是他們常寫的對象。

大家都說我是個——
秘密（神祕）的千面人。
時男時女，
雌雄莫辨；
時老時少，
老幼難分；
時高時矮，

△第四次準備繼續要寫下聯時，無意間「胖」字卻刺痛了她的「傷心處」——減肥沒成功。

△「游泳圈」是指肚子肥了一圈，正如同肚子套上了游泳圈。

身長不定；
時胖時瘦，
！
唉——說到我的痛處……
以爲減肥成功，沒幾個月，（分行寫）
夏天還未到，
卻帶了個游泳圈來了！

詩評

△安婷思維綿密，又富想像力，寫起詩來很有令人出乎意料之外的創意出現。若能繼續鑽研，假以時日，必有所成。

賞析

△「潑婦罵街」四字的確把「茶壺」的形象寫絕了。

△接著用「待人的態度」來扭轉前句的負面形象，效果不賴。

△後面四句就依據「待人態度」寫出「茶壺」與人們怎樣互動。

——奉茶之外還畢恭畢敬。

——水開了，還說出真心話。

茶壺（家庭用品的新詩二）

劉若梅

【詩話】

「茶壺」每天都要見面，都要使用它。居然是天天見面的好朋友，為何不賦予它一首詩，讚頌它。

我的外形像是潑婦罵街，
不過我待人的態度卻完全相反；
我不時畢恭畢敬的向人鞠躬，
也不時向人說出發自內心的眞心話，
所以我的心胸寬大，
時常爲人效勞。

——被煮得沸騰，只能出口氣而已，心胸算寬大吧？

詩評

△全詩說來尚稱是好詩，美中不足的是最後一句，嚴格說不能算是詩句。聰明的讀者！您可否照著原意，改成較有詩味的句子，來穩住全詩？試試看！好嗎？

成功之後（引導作文）

李悅娉

【題話】

學校有一次的復習考，作文題目是這樣設計的。

作文：五十分

1.必須分段，並加新式標點符號。
2.不可以用書信、新詩形式撰寫。

一九八六年諾貝爾化學獎得主李遠哲先生於一月二十三日返回母校新竹國小，爲新完工的「聚賢樓」以及「李遠哲博士諾貝爾紀念碑」進行落成剪綵和揭幕活動。

他告訴在場的學弟學妹們，如果沒有童年恩師的諄諄教誨，自己可能只是野孩子，不可能有今天的成就；而放棄美國的高薪回到國內，也是爲了貢獻力量給國家，希望臺灣成爲更美好的地方。他更強調，個人的名聲和榮耀並不重要，一生有許多的路要走，重要的是，是否認眞努力地走過，爲人群、社區作出貢獻。

讀完以上的文字，請試以「成功之後」爲題，發揮自己的感想。

眉批

△首先提出古今中外的偉人，為什麼成功之後，仍然奉獻所能的思維，一出手就令人震撼。

△只「功成不居」，沒「鞠躬盡瘁」，不足涵蓋全文。

△只舉出國父的例子，而未有李遠哲的事例，是本文的最大缺憾，所以補上一例，才切合「引言」。

探索古今中外有成就的偉人，在他們成功之後卻往往仍吃苦耐勞，貢獻人群，這也就是那些偉人不止在成功後那一時的榮耀，而能流傳後代的眞正原因，但他們爲什麼要如此功成不居，卻是我們眞正必須深思探討的。

常常聽人說：「在別人成功時，你怎有想過背後所付出的汗水」，也可以這麼說：成功背後的汗水，才是我們眞正要學習的。還有，偉人們在成功之後，卻往往仍繼續的付出一己之力來造福人群，例如，國父孫中山先生，一生歷經苦難，終於推翻滿清，建立中華，但在他成功之後，卻沒有野心，持續的爲初生的中華保護

又如一九八六年諾貝爾化學獎得主李遠哲先生，甘願放棄美國的高薪，回到國內，把力量貢獻給國家，使台灣成爲最美好的地方。

△從課本中學到的名言佳句，應用到作文中，而且引用得恰當有力，值得嘉勉。

△商人因成功而賺了大錢，之後有二種不同的作為，很有警世作用。

著，呵護著，終爲人所遵從。

有些人雖然靠自己成功了，但在成功之後卻驕矜自滿，自大狂妄，最後還是爲人所唾棄。反觀在世界史上永留名聲的偉人，就不是如此了。愛因斯坦發明了偉大的相對論，卻把其中一項成就獻給他的好朋友貝索，這眞是平常人不易辦到的，就如同陳之藩所說的：「得之於人者太多，出之於己者太少」。所以愛因斯坦也才會說出：「人是爲其他人活著」。

再說到少數人成功了，卻因爲賺了大錢，過著奢侈淫逸的生活，這種才是社會中的蠹蟲，但有些人就不一樣，即使成功了，卻仍過著困苦節儉的生活，如：台塑

△有人能一天跑五千公里？錯得太離譜了。

△偉人之所以偉大，只有「不居功」的心態是不夠的。

集團的創使〔始〕人「王永慶」，因爲自幼的刻苦奮鬥，終於創造了屬於自己的企業，並賺了大錢，但他的生活卻是如此的儉樸，衣服要穿到破了才換〔新〕，每天要跑五千公里〔尺〕鍛鍊身體，這眞是令人感到尊崇〔敬佩〕，也是必須學習的對象。

從上述眾多例子中，我們不難發現，偉人之所以偉大，〔是〕在於〔成功之後，還〕他們懷著一股「先天下之憂而憂，後天下之樂而樂」的胸懷，抱著一股〔滿腔〕「不居功」〔、「盡心力」的繼續爲國爲民奉獻〕，〔所以〕這是我們大家日後成功之後必須遵術〔學習效法〕的原則〔地方〕。

總評

△這篇的作文題目，一般同學常會和「成功背後」攪混。本文寫作的重點在於成功之後，是否繼續爲國爲民打拼。悦媁這方面的理解力高人一等。

△成功之後，怎樣繼續爲人類謀幸福方面，所下的工夫，尚待加強。

眉批

△「心頭被一層烏雲蒙蓋」，意味著有事要發生。

△眼皮忽然跳不停，表示不好的預兆，對後續的情事發展，頗有助益。

△單純的在加護房中一大段的描述看起來，大概只是一段。但仔細一分析，前半是寫心情，後半是寫看到

奶奶，我捨不得您走！

（日記一則）

謝明謙

【題話】

國文課本裡頭有很多是日記式的課文，如陳冠學的「田園之秋」、豐子愷的「山中避雨」，以及張潮的「幽夢影」等。因此在國中三年的作文課中，寫「日記」的機會必然不少。

二月×日　晴

昨天的天氣就像今天一樣，晴空萬里，但，唯一不同的是我的心頭正被一層烏雲蒙蓋著，並下著無情的雨。

昨天一早起來，眼皮不知怎麼地跳了幾下，一整天的心情就被那突如其來的跳動給跳亂了〔。〕一直到晚上，看完了在加護病房中的奶奶，心情就〔變得〕更加的沈重了。〔（分段）〕看著正依靠著氧氣罩呼吸的奶奶，手臂上不知已注射過多少

的事實，所以嚴格說來，應該分成二段。

△奶奶臨走前心情的難捨，悲痛的描繪，很令人鼻酸。

△一句中出現兩次「驚醒」，讀起來有重複累贅的感覺。因此，使用「——」（夾註號）隔開，便無此感覺了。

△同樣的，「淚水」出現了好幾次，似乎快要被它淹沒了。所以刪掉正在眼眶邊打轉的「淚水」。明謙，

點滴的痕跡，微閉著雙眼，這幅情景，不知已看過多少次，但昨天一見，不知如何，鼻頭一酸，淚水欲奪眶而出，但我忍住了，奶奶最不忍看到我們流淚，這時的我，彷彿覺得奶奶正要離我而去，要到一個遙遠的世界。

昨夜夜深了，就當人們已在夢鄉徘徊時，我被驚醒，被父母親一陣又一陣急促的腳步聲給驚醒，下樓一看，淚水已在眼眶邊打轉，奶奶從門口抬了進來，叔叔和嬸嬸已在樓下等候，不用人提醒，淚水已汪汪落下，因為奶奶真的已離我而去。

今天很早就起來了，想下樓再陪陪奶奶，但姑姑和

刪掉後有沒有影響前後文？

△家中、學校不同地點，應該分段。

△對親人的不捨，溢於言表，著實令人同情。

△「棺材」連續出現二次，覺得很刺眼，修改後，不是好多了嗎？

△引用名言要特別小心，不要篡改，否則是重大過失。但此次

父母卻比我更早起來，不如這麼說吧！他們一夜沒睡，眼睛都哭到紅腫了，到了學校，腦中浮現的皆是奶奶的一眸一笑，她是如何的愛護我們，寫到這裡，淚水又是溼潤了整個眼球，下了課，馬上衝回來，我實在是無法離開平日那麼愛我們的奶奶。

晚上奶奶就要進棺材了，到奶奶被放進棺材前，我始終不相信，奶奶眞的已離我而去，淚，已不再流出，再也感受不到那鹹滋滋的滋味，因爲奶奶最不忍心看到我們這群小蘿蔔頭流淚了。

直至今天，我才深深領悟到什麼是「樹欲止而風不止，子欲養而親不在」，親人的離去是最令人傷心的，

值得原諒，因為你的心情實在太悲痛了。

△因為痛失奶奶，才驚覺到親人的重要。這個啓示所付出的代價太大了，也太重要了。

△發誓的內容很有啓發性，也是本文的主旨。所以後面的幾句尾巴，有「畫蛇添足」的味道，因此刪去不要。

再也沒有比這更能令人喪失希望，心情崩潰的。「搭錯車」裡的老孫死去時，他女兒才驚覺到父親的存在是多麼重要。我發誓：只要父母在的一天，我就要好好的孝順他們，不讓他們操心。~~啊～眼皮好重，哭了一天，我也該讓靈魂之窗休息一下。~~

△親情的呼喚，成就了這則感人肺腑的篇章。

△心情雖然悲傷難平，但是成文之後，仍然不要忘記重看幾遍，以便修飾語病，尤其是使用標點符號上的瑕疵。

「小白兔尋師記」讀後感

李悅嫥
丁天欣

【題話】

百盛文化出版公司八十九年初幫我出版了一本童話故事集「小白兔尋師記」。我分別給悅嫥、天欣各一本，並請她們寫讀後心得。

眉批

△首段介紹怎樣看到書的？作者是誰？

△什麼書名？看到書的那剎那的感覺。因為敘述內容性質不同，所以可以分段。

△先排斥、後愛不釋手的心情對比，令人印象深刻。

△二萬多字的長篇故

前幾天，我們國文老師拿了一本書給我，叫我看看，說什麼這是他自己寫的，更在他的國文課上說他又出書了。我看著這本名叫「小白兔尋師記」的書，心裡不禁想道：這不是小學中年級在看的童話故事嗎！幹嚒叫一個堂堂國三的學生來看。沒想到自翻開第一頁後，就一口氣看了十多張愈看愈有味，愈看愈不忍釋卷了。

這故事是這麼說的：從前有位小白兔名叫「小

事，只用了一百來字，就把整個故事介紹清楚，提綱挈領的能力強。

△「從……到……」連續二次的「類疊」修辭，展現了空間的綿延感，漂亮極了。

△「涓涓之水滴，終將貫穿頑石」的引句，我覺得不甚貼切。老師倒覺得「精誠所至，金石為開。」也許好些。

△書寫說話句的標點符號，話說完後先有句號（。），再寫下引號（」）。

白」，因爲受了「兔子跑輪烏龜」的震撼（刺激），決定（要）找尋老師來教他「耐力和速度」。他（先後）拜訪了腳踏車、機車、汽車、火車、輪船、噴射機、火箭、太空梭（等。）從台灣到美國，從地球到月球，終於（最後）凱旋歸來，洗刷（了）恥辱，並（更）了解到速度和耐力的眞諦。

從「小白兔尋師記」這本書中，我們不難發現：小白兔的成功，是由於他的堅忍毅力，也可從中了解了「涓涓之水滴，終將貫穿頑石」的道理。中國（古）有句話說：「天行健，君子自強不息。」是的，我們（若）要學習速度和耐力，並不須（需）刻意拜師，只要謹記這句話，體會這句話，實踐這句話，就能在人生旅程中，獲得更大的成功。

△有一次的使用語句類疊，強調「天行健，君子以自強不息」這句話，表現出語勢的雄偉。

△天欣更深一層的探討書中的哲理：自己在天地萬物中的一個定位。

——在茫茫人海中，要浮出頭來。

——在廣漠的藍天中，尋找一片白雲。

△「不值」有自貶意味；「謙卑」則有不自大的卑微。

△「在廣漠的藍天中，尋找一片白雲。」瞧！意境好美。

△故事的二大精髓就是「尋找」和「學習」。

尋師。

尋找自己的老師。

尋找自己在天地萬物中的一個定位。

即使帶不走什麼，也要留下點什麼；即使引領望不見什麼，也要低下頭來，確定點什麼；即使明知自己在茫茫人海中的微渺與不值（謙卑），我也要浮出頭來，（；在）廣漠（的）藍天（中），（尋）找一片白雲。

學習，是肯定自我存在的第一步。

我想，作者是想藉故事中的小白兔，追求「耐力與速度」的信念、跋涉千山萬水的源源動力爲「求知欲」的象徵，期勉當今學子，捫心自問，想學些什麼？對世間萬

被天欣看出來了，好厲害。

△一連串的詰問學子：你用心學習了沒？因為「學習」是肯定自我存在的第一步。很有「振聾發聵」的作用。

△「關鍵」不夠具體，也太理想化，不是人人可為。而「中流砥柱」，只要想做個社會上有用的人，誰都可為之。

△除了「小白兔」外，其他還有四個中篇。天欣略為涉及其中兩篇，心得都頗深入。

△「影射」作用太小，故事的寓意和啓示才重要，更何況應該不

物有沒有好奇心？想不想爲自己的生命增添更多光采？
進而，去找尋自己的〔心中〕老師，去激發出自己的潛力，成爲
人類文明生生不息的關鍵〔中流砥柱〕。

　這本書，還備包含了其他〔四篇〕引人深思的有趣故事，讓
自己在結尾的地方，重新去領略廿〔無數〕次作者的影射〔蘊意和啓迪〕。〔如〕在小
花鼠的身上，我們也許可以想想〔：〕在現實〔生活〕中需備有的警
覺；瞧瞧幻想開創一片天的小菁蟲的自信心，或許可以
分辨出什麼是眞正的勇敢，要勇敢需先積存多少的實
力。在淺白生動的對話裡，我想到的，還有更多、更多
……。

　這本「小白兔尋師記」，雖然是本用語淺白的童話

只一次。

△最後悅婷給本書一個衷心的評價和感想，也給本文寫下完美的句點。

故事〔集〕，但生動的譬喻，活潑輕快的詞語，卻〔很〕值得我們學習，〔。再〕在加上發人省思的寓意，也讓我們有更多的體悟。有興趣的話，不妨翻翻這本書，相信你會〔受〕益良多！

「總評」

△一本用語遣詞淺白的童話故事集，不僅譬喻生動，詞語輕快活潑，而且寓意發人深省，使讀者體悟多多，眞可說是大朋友、小朋友皆愛讀的一本好書——凡是讀過的人都這麼說，可不是「老王賣瓜」噢！

△初次二人共同創作一篇作文，你認爲怎樣？喜歡嗎？你也可以和好朋友一起嘗試看看！

讀「小蝸牛搬家」有感

周美君

【題話】

我的新書「小白兔尋師記」童話故事集正式出版了，第一個想到的當然是我的學生，好讓他們分享我的喜悅和書香，所以每人發一本，給他們飽覽，並來一個讀後感。

來上作文班時，想想老師今天（不知道）又有什麼稀奇古怪的（新）花招來整整（考驗）我們呢？走到座位上時，似乎（忽然）發現（了）「寶藏」，眼睛為之一亮，（仔細一瞧，）頓時我才了解到，原來老師又出了新作品（一本「小白兔尋師記」的新書），我便迫不以（及）待的先睹為快，沈溺（醉）在書中絕妙的童話世界裡，渾然忘我。

在這本（童話故事集）中，特別令我印象深刻的是（要算）「小蝸牛搬家」（了。）內容是敘述，在一面破舊的牆垣下，住了一對老蝸牛和

眉批

△「讀書心得」寫作，通常一開頭先寫出什麼書？怎麼看到的？當時心情如何？至於怎樣呈現則是「十八般戲法，人人會變。」美君這方面變得很有技巧。

△先「睹」為快：是「看」，所以從「目」。

△沈「溺」：是沒入水裡。改「醉」字有「陶醉」之意，才切

合下文。

△故事內容介紹得簡潔扼要，頭緒清楚條理。

△「大徹大悟」什麼呢？底下是補註，所以標點要用「——」

△一本書的可貴，在於它能不能帶給讀者最滿意的收穫。像美君筆下的許多佳句良言，以及令人深思的感觸和批判，在在都使人體會出「開卷有益」的認同。

△「恨不得有對翅膀飛到只屬自己的天空。」對不孝子女的譬喻好棒。

一隻小蝸牛，老蝸牛曾帶著小蝸牛到王伯伯的家，王伯伯的家是在非常別緻的瓜棚下，因此，小蝸牛心裡油然升起「偷偷搬家」的念頭，在一路上發生了許多苦難和艱難，小蝸牛最後大徹大悟，相信「家」還是幸福的避風港。

在這篇文章當中，令我深深受到感動的金玉良言很多，例如：雖然牆垣下的家庭有些骯髒破舊，但它畢竟是安全溫暖的地方；年老的雙親雖然庸俗落伍，但他的慈愛是無微不至的。這句話令我有些感觸，因爲在現今的社會中，許多子女總是認爲家是醜陋的，雙親是多餘的，恨不得有對翅膀飛到只屬自己的天空，卻從沒想過

△一篇五、六千字的寓言故事，能帶來這麼深入的啓示，實在難得。

△最後引用諺語作結，真是漂亮。

雙親花了大半輩子打拼出來的「家」，也浪費了自己的青春、精力照顧子女，卻無怨無悔，而子女卻忘恩負義，眞是讓雙親心力憔悴，值得令人省思的問題。

讀了這篇文章，我們知道，人只要能抱著「知足常樂」的心，不必去羨慕別人所擁有的東西，因爲別人不一定擁有我們身邊的幸福，所以要知福、惜福，常懷感恩的心，人生就能時常快樂，畢竟「金屋、銀屋，不如自己的狗窩。」

總評

△一篇好的「讀書心得」寫作，是在看他從書中得到多少的收穫，由此觀點看本文，就可得知這是篇佳作。

我的座右銘

謝明謙

【題話】

國文課本第六冊第一課是崔瑗的「座右銘」。「討論與練習」最後一題是要同學寫一則座右銘，所以作文課便寫了這個題目。

眉批

△「每個人都有××××，我也不例外」的寫法，大家都把它寫爛了。把它刪掉以後，開頭反而感覺清新多了，不是嗎？

△居然把「座右銘」寫得這麼轟轟烈烈，卻不把它寫出來，不是吊讀者胃口？下一段也無法銜接下去。

△「座右銘」的意義及種類，看起來像是

每個人都有座右銘，我也不例外，在我的斗室內，那堆滿書籍的小書桌上，寫著一句驚天動地，鬼哭神號的驚世之句，好用來提醒自己，勉勵自己。

——「全心投入不一定成功，成功一定要全心投入。」的座右銘

銘，是一種訓誡文字，而將銘寫在座處旁，以用來警惕、策勵，便是座右銘，而在形式上又分成三種，一種爲自題；另一種是筆錄經典名言或名人格言；還有一種則由別人題。我的座右銘滿特殊的，是看電視得來

座右銘 可 ：

「題外話」。後來的「我的座右銘滿特殊的，是看電視得來的」，經這麼一寫，便把「題外話」變成了「題內話」了。

△成功與失敗之間，應以「；」（分號）隔開。

△「全心投入」加「幸運」等於「成功」。而失敗是「機運」未到，給失敗者很大的慰藉。

△下半段文句的意思不明，也不夠洗鍊，所以老師多費筆墨修飾，覺得如何？

的，便是「全心投入不一定成功，成功一定要全心投入」。

一個人的成功並非偶然，在成功的背後，必隱藏著一段不爲人知的過程，只有努力不懈，全心全意地投入，再加上那點上天眷顧的幸運，才有可能成功，而一些失敗的人，在全心全意地努力後，卻因機運未到而失敗了，失敗了並不打緊，最重要的是那全心投入的過程，並重新爬起，持續努力，而不是像隻喪家犬，一蹶不振彷彿失去了人生的目的，那才叫人可恥！

自從看到了那句話，便常常在我失意時浮現腦中，是啊！失敗了不算什麼，只要全心投入過，那點挫敗不

△「不算什麼」重覆寫二次，為了求變化，第二次的換個詞寫。

△「層遞法」此時用上，鏗鏘有聲。

△「人生有夢，希望相隨。」多積極的人生。

△「全心投入」不是目標，所以不宜用「追求」。

△「成功」是全心投入的「標的」，你卻淡淡的寫成「副作用」，此話若能成立，豈不是還有「主作用」？

△再次強調這則「座右銘」，仍散發著耀眼的光芒。是很得體的「前後呼應法」。

算什麼（又算得了！），失敗了可以重來（重新來過），比上次更努力，比上次更認真，比上次更全心全意地投入，總有一天，幸運女神來到時，我的努力與心血，將會得到與其成正比的回饋。

我實在感謝上天，感謝說出這句話的人，因為這句話，將可使那多少個像我一樣有過失敗經驗的人，體會到全心投入才是我們所追求（堅持）的，而成功只是那過程所衍生出來的副作用（珍貴產品）。

「全心投入不一定成功，成功一定要全心投入」這句話，自始至終，仍在我那不醒目的小書桌上，散發著耀眼的光芒。

總評

△本文的「座右銘」選得好，所以寫起作文來，很有發揮的餘地。

△老師所修改的詞語，都有其非改不可的用意，盼你多揣摩練習，對爾後的寫作必有助益。

堅持到底（看圖作文一）

簡宜蓁

【題話】

以下三篇「看圖作文」，都是在八十七年高中推薦甄試國文科作文試題中出現的作文設計，特地讓同學習作後，批改出來給讀者參考。

看圖作文（不得以詩歌、小說、書信體裁寫作）

說明：請看完左列圖畫之後，根據你想發揮的主題，自己擬訂題目寫於答案卷上，並撰寫一篇二百五十字左右的短文。

△先簡略的概說圖中內容，以便下段評述。

△「他便放棄了」、「他灰心的放棄了」，二者程度差別很大吧？

△點出主題，簡潔有變化。

△愛迪生實驗的例子，很適合主旨。

△運動比賽的例子沒錯，但敘述不甚詳盡，效果也就不顯著。

有個工人，想挖一口水井，他賣力的挖了半天，費了很多時間、體力，卻還是沒有水，他〔灰心的〕便放棄了。卻沒料到，只要再往下幾公分，便能挖到清涼的泉水。

缺乏耐性、無法堅持，是不少人的老毛病。試想，〔：〕〔世上有〕哪一件事，不用付出任何努力，便可成功的？像愛迪生〔的〕發明電燈，他試了三千多種金屬，才找到「鎢」這種金屬，來做燈絲，若他才試了幾種，便覺得一定找不出來，〔又〕那現在可能我們還生活在黑暗中了。如運動會中比賽的選手，那一個不是經過各種困〔艱〕難的訓練，〔賽前〕堅持到〔比賽時〕底，〔最後〕才能奪牌〔標？〕，〔因此，我堅定的認為：〕堅持到底，才能邁向成功，享受成功的甜美。

總評

△立論見解非常獨到，言之成理，頗具鼓舞作用。

奮鬥與成功（看圖作文二）

謝易安

【題話】

運動會時，常看到跌倒後爬起來，再奮力向前跑的鏡頭。他們為何如此？相信有它的原因吧？

眉批

△見圖勾起感觸，帶來下段抒懷的伏筆。

△辭不達意是本段的大缺點。請多揣摩修改的地方。

△人世間有幾人可以和命運相競爭？不如「更進一步的接近成功」機率較大。

△「多麼想」勉勵自己。只想沒實踐，於事無補。

△看圖後，最後感悟可另成一段。

△「持志不懈」本身就

望著這些賽跑選手在人群的喝采下奮力疾驅，有些人放棄了，有些人仍努力前進。看到這種情況，不禁勾起了一陣感觸。

在人生的旅途中，時常有大大小小的挑戰，每一場就好比是賽跑，一樣有觀眾觀席，有身旁的配角。但不論如何，沒有永恆的堅持和努力，就不可能得到成功的果實。「我一定要堅持到底，讓自己贏得這次挑戰，更能和命運相競爭。」每當我看到這些成功偉人在別人不知之中，是如此的奮鬥，多麼想勉勵自己。讓我深深感觸到：人生的心是激盪的，尋求也得到的理想，就要持志不懈地追求、有恆，不論外頭風花雪月，我們一樣

有「有恆」的意味；「不論外頭風花雪月」，文意不清。

堅持，不動搖，不懈怠，唯有如此，才能眞正得到成功的喜悅。

總評

△看了一場賽跑的漫畫圖，便有這麼多感觸，領悟力可以說超強。

成功和汗水（看圖作文(二)）

李悅嫥

【題話】

每張範圖都有他的涵意在，寫「看圖作文」時，可要注意到圖中的每個細節。

眉批

△先解析圖片的內容，再引出主題。這方法很踏實。

△成功前的努力過程，常為一般人忽略。如此喚醒方法，很有警世作用。

△「成功必須靠汗水灌溉」的道理，和前面截然不同，便要分段。

△末二行要另成一段，才更能穩住全文。

在奧運象徵勝利的五環光圈照射下，在那被接受肯定的獎臺上，領著榮譽的徽章，是多麼風光的事。你曾想過：但在這一切的背後，卻不知道要犧牲了多少的汗水。

我們的人生，不也是如此嗎？求學階段，看同學接受表揚；進入社會，看別人擁有身分、地位、財富。也許大部分的人，只會羨慕或巴望，但你是否想過：在成功以前一切努力的過程呢？

凡事除了先要有理想外，更要有滿腔熱血，最重要的一定要有堅持理想的念頭，永不放棄的精神。在這一段艱苦的歷程中，或許會受到百般阻撓和挫敗，但真正是一位成功者，就應克服逆境，迎向順境。

知道這些以後，我們才能藉由理想而奮鬥，由奮鬥而堅持，由堅持而成功。

總評

△「成功和汗水」是相輔相成的關係。換言之，汗水流得越多，成功越大。這個要領，本文發揮得淋漓盡致。

紅綠燈（自由命題的新詩一）

鄭安婷

【詩話】

第六冊課文沒安排新詩，所以，我天馬行空的帶同學自由聯想。

我就像宣示戰爭的
三眼獨腳怪。
張開「綠眼」，
雙方人馬互相進攻，
衝鋒陷陣，
人心沸騰，氣勢驚人！
※　※　※
張開「黃眼」，
已進入戰鬥地帶的，

賞析

△三隻眼睛的紅綠燈，由一根柱子支撐著，站立在十字路口指揮交通，真的很像是「三眼獨腳怪」。

△綠燈一亮，雙方行人車輛迫不及待的往前衝去。從高處、從遠方看去，就像「互相進攻」。所以人心沸騰、氣勢驚人。為了和「黃眼」配稱，加句「衝鋒陷陣」。

△黃燈亮起，各路人馬進入肉搏戰。尚未進入戰鬥地帶的，只得蓄勢待發。寫來真是傳神。

△「紅眼」一張開，戰鬥接近尾聲，「想像」中一定屍橫遍野，慘不卒睹。

△這時候雙方看到慘烈的死傷，紛紛丟下武器，收拾殘局。

△在戰場外的，只得「默然休息」「準備下一回合的戰鬥」。

△「卻也有些人」是副句，可挪前；「正準備下一回合的戰鬥」是主句，可單獨成句，並有穩住全詩的作用。

猛然拼死，衝上前去，奮勇殺敵；

尚未進入戰鬥地帶的，

停仃（佇）在後，營造聲勢，振奮人心。

※ ※ ※

張開「紅眼」，

啊，我看到屍橫遍野，慘不卒睹，

雙方紛紛看到停戰牌般，

停在戰鬥地帶外，默然休息。

然而，

卻也有些人，正準備下一次（回合）的戰鬥。

詩評

△一個稀疏平常，每天都得看上許多次的「紅綠燈」，居然引用來寫新詩，而且還把它當成指揮千軍萬馬的「三眼獨腳怪」，在馬路上慘烈撕殺。寫得眞是驚心動魄，令人讀了不得不佩服詩筆的犀利。

△不過，老師有個疑惑：紅燈亮起時，「屍橫遍野」妳是怎麼看到的？而我卻看不到，是不是我的「詩眼」不夠犀利？

△加上「似乎在」告訴我說，詩味不就更濃嗎？

△的確，音樂可以帶我們「上山下海」、「翻越情感的牆」，更可以和歌手心靈交融。哦！寫得太棒了。

唱片（自由命題的新詩二）

李悅嫥

【詩話】

渾圓扁平的唱片，還能藏些什麼？任何人看了，都會懷疑，但是不必懷疑，悅嫥用詩來告訴你。

在我渾圓卻又扁瘦的身子裡，
能藏些什麼？
你（似乎在）告訴我說：
我帶你上山下海，
帶你翻過情感的那面牆，
到達你愛的歌手的心（靈）深處。

詩評

△是一首象徵性強烈，詩境高超的小詩。

棉被

（自由命題的新詩(二)）

李悅娉

不管冷風如何橫行跋扈
裡面卻是熱騰騰的。
裹住了悲傷憂愁；
和那微酸的眼淚。
也包住歡欣喜悅，
和那期待的心情。
更藏住了情侶們那股——

【詩話】

每天晚上蓋的「棉被」，可以寫成另類的「棉被」詩，你相信嗎？

賞析

△一開始用強烈形容詞「橫行跋扈」，來寫「冷風」。氣勢營造不凡。也襯托出棉被的「熱騰騰」。

△除了禦寒，也可裹住憂愁、眼淚。想得妙！

△相同的，喜悅和期待，當然也可藏在棉被裡。

△更令人驚奇的是，十四、五歲的少女，也

知道棉被可藏住情侶的濃濃愛意。

濃濃的愛意。

詩評

△棉被經悅娉寫成新詩後，已經不是我們平常蓋的棉被了，這床「棉被」已經注入了濃濃的文學意味。

眉批

△利用「倒敘法」開頭，很新鮮，也很恰當。

△一開始就理性的開導選民，把熱情轉支持當選者。無疑的，也告訴讀者，這篇作文也將理性的探討本次的選舉。

△乍看「選賢『舉』能」有誤，但仔細一想「選舉賢能」也有道理，因此不改成「與」

談總統選舉

謝明謙

【題話】

公元二千年的總統大選，堪稱為「世紀大決戰」，如果作文教學沒留下歷史記錄，那將終身遺憾，因此來個「談總統選舉」。

落幕了！一場激烈卻又不失理智的選戰在三月十八日落幕了，當然，選戰的結果總是幾家歡樂幾家愁」，但不論如何，我們都應把選前支持的熱情，轉移至當選者身上，盼他能領導國家，走向新未來。

選舉，只有在民主法治的國家才可見到，其功能便是選賢舉能，令社會更加發達，使社會能夠達到眞正的自治與民主、發展與進步，於是當我們看到電視上的政

字。

△民主思想已深入台灣民心，觀察入微。

△選舉的型態，用對偶與排比的修辭展現，技巧圓融高明。

△思考分析些什麼？沒交代清楚，句子不算完整。

△寫出選舉前後的激情和缺失，觀察力精準。

治新聞、娛樂新聞甚至體育新聞無一不與政治扯上關係時，不禁讚嘆，民主思想已深入人心。

這次選舉中我們看到了熱情與冷淡，守法與違規，歡喜與失落乃至於理智及暴動，無一不是兩兩成對，互相映襯的對比關係。我們暫且不必從這些事件去詳述它，而是去思考、去分析它的得失利弊。

我們看那熱情的民眾忘我的嘶聲吶喊，卻又看到了電視台冷落了其他兩組候選人，理智的民眾在眾多候選人中選出了理想中的人選，卻也看到了在選後的暴民活動，不但違法，也拖累了那些鎮暴警察。

不僅如此，我們也看到了政治黑暗的一面，從貪

△候選人令人失望的地方，是民主政治的黑暗面。

△末了又以平和的語氣，再度告訴大家以冷靜看待選舉結果。並更有創意的提醒大家：人人都可以當總統，只要努力，機運來時，擋也擋不住。

污、喝花酒等非法行為，乃至於候選人的抹黑、批評、謾罵，令人不禁感到民主思想雖已深入人心，但君子風範卻已消失殆盡……。

選舉已過，我們不該再批評，應該讚揚；該不再激情以對，而是要冷靜、平常心看待結果。換個角度思考，這次選舉印證了一件事，人人都可以當總統，所欠缺的只是機運與努力。也難怪父母親總是要我們用功讀書，將來機運來時做個好總統。如今看來，這也不再是父母口中的神話了！

總評

△綜觀全文，談起總統大選，看法、見解都頭頭是道，小小腦袋就有大人般的成熟，眞是難得。

△論說文對國中同學來說，寫起來比較沒那麼得心應手，所以本文需要潤色的地方很多，但願多加揣摩學習。

眉批

△首先引用張潮的隨筆名句破題，也點出了讀書的重要性，像鳳頭那麼漂亮。

△指出時下一般學生，對讀書所抱持的態度——為考試而讀書。

△接著談讀書苦。和前面不同，該分段。

談讀書

鄭安婷

【題話】

上過了劉真的「論讀書」，和張潮的「幽夢影」中的讀書觀點以後，我應用我的「論說文思路引導法」，指導同學寫這篇「談讀書」。

「凡事不宜刻，若讀書則不可不刻。」由此話可知，讀書的先決〔條件，〕在於態度〔；〕古人對於讀〔書〕始終持嚴刺〔苛〕的態度，因爲讀書東是〔實在〕太重要了〔、太神聖〕，於人於事，皆有它廣泛的蹤跡〔如影相隨的〕。

時下許多學子，視讀書爲畏〔畏〕途，多半爲應付考試而讀，能從中找出興趣的，實屬少數。〔（分段）〕其實說讀書苦，沒〔會對〕人反詰，因爲〔在〕有些時候，眞的讀得很苦，但那都是爲了

△「苦盡甘來」，這是讀書的最好寫照。

△讀書的好處，刻劃得很深入。

△讀書的價值觀，古今對比，說得很有見地。

培養你日後以用的基礎，成為你的工具啊！當你渡過了這難關後，你就會嘗到讀書的香甜了，因為在書中有你挖不完的知識，有你想不盡的金言玉語，你可以在書中倘游許多用不竭的人生道理，拿來做你待人處事上的一個基準，不致有手足無措之感，讀書的好處，是說不盡的！

但是，我在此奉勸各位，最好不要把讀書當成功祿名利的捷徑。古人確實有說：「書中自有黃金屋。」但那觀點是不適用於現代的，古人以前的價值觀以作官為目的，但我們大不必如此，在知識遞層演進下，我們讀書是為了充實自己，為了能讓自己更有內涵，懂更多道

△「仔細的去體會就是了！」「就是了」無意義，屬贅詞，故刪除，另外加上有實質作用的「書中的意境和哲理」。

△最後仍引用名句作結，讓讀者對讀書有更深遠的玩味。

理，深切了解我們該如何作人，這才是最重要的！

讀書方法很多，每人適用不同，但大前提是能深切的了解，心神領會，而不是過眼雲煙，讓自己能隨時養成看書的習慣，仔細的去體會就是了！

最後，我以「少年讀書，如隙中窺月；中年讀書，如庭中望月；老年讀書，如台上玩月。」送大家，大意為生活本身也是一部書，隨時讓心靈和生活交融，品味讀書，達到渾然忘我的境界，和大家共勉。

總評

△「談讀書」的作文題目，看起來是個極

嚴肅的題材，但是安婷寫起來，卻是感情濃郁，溫馨感人。

△「生活本身也是一部書，隨時讓心靈和生活交融，達到渾然忘我。」這是多美的讀書境界。

眉批

△開頭像喝了一口「白開水」，清涼平淡，少了濃烈。

△「事物」怎麼「吸收」？令人迷惘！

△只聽過「動物園」，沒聽過「動物院」。因此，細節也得注意。

△「無尾熊」值得寫上一筆，取材有眼光。

△獨排衆意，獨鍾「大猩猩」，有見地。上

畢業旅行記

劉若梅

【題話】

國中讀了三年，離開學校前夕的「畢業旅行」，是令學生魂牽夢縈的大事。如果沒把這段歷史記錄下來，那將是終身遺憾。

難得一次的畢業旅行，雖說是短短的三天兩夜，不過，我們卻在此次的台北之行中，吸收了不少事物（知識及經驗）。

其中，我們在木柵動物院（園）裡停留了一個上午，將整個園區都看遍了，當然也包括了紅遍全臺的無尾熊。這兩隻哈雷及派翠克，果然是非常的可愛，難怪每天都有人願意排上幾個鐘頭的隊，一看再看。但是我認爲最有趣的不是無尾熊，而是三隻大猩猩，牠們號稱（爲）動物園裡

次老師去參觀時，也有同感。不過會「獻唱」的，好像不叫「大猩猩」，而是「長臂猿」。

△士林官邸開放後，老師還沒去過，經妳一描述，心便癢癢的，可見妳的筆力不賴，尤其「底片換了一捲又一捲」，寫得妙。

△「一覽美景」，前面寫過；「一飽眼福」才適合妳的文才。

△全段雖簡明有力，但有意猶未盡的感覺。故宮可寫的地方很多，實在該多些著墨。

的「三大男高音」，平常人一多，牠們就會興奮的爲遊客獻上一曲，逗得全場哈哈大笑。

我想，最漂亮的大概就是士林官邸了吧！士林官邸是先總統　蔣公的房子，範圍非常的寬廣，裡面到處都（滿）種了花，美景讓我們照相機（的）底片換了一捲又一捲，可惜的是，有一些　蔣公（住）的房子還沒有開放參觀，希望能趕緊開放，讓遊客能一覽美景（飽眼福）。

印象最深刻的應該是在故宮博物院了，故宮是許多外賓來臺必去之地，除了在裡面看到晶瑩剔透的「翠玉白菜」外，還有許多舉世聞名的稀世珍寶，都令人大開眼界。

△依據原文，和前面比較，實在遜色。經老師加點「料」，相信會完美多了吧？

△「井底之蛙」有特殊含意，故要加引號（「」）。

△結語仍然像首段一樣清新爽可口。

有印象深刻的〔美〕事，當然也有〔刻骨銘心的〕糗事。在我們搭乘捷運時，我們差點就早搭了一班，大家還急急忙忙的趕快下〔跳〕車，深怕自己來不及下車，〔被載到天涯海角。〕這或許也透露了捷運的〔被人稱為「迷宮」〕問題所在吧！

這次的〔畢業〕旅行眞讓我們這些南部的「井底之蛙」增廣見聞了不少，〔見聞〕尤其是故宮，遊覽一遍，連氣質都變好〔文雅多〕了，所以這種旅行，當然是能多辦最好啦！

總評

△三天二夜的畢業旅行，可寫的地方實在很多，若梅能提綱挈領地把精華的部份簡潔流暢記錄下來，而且把感想抒發出來，眞是難能可貴。

海邊的人群（生活小說）

謝天祐

【題話】

讀過了鍾理和的「草坡上」、黃春明的「魚」等小說，再配讀我的「紙筆連心」後，同學便興致勃勃的寫起小說來。這篇「海邊的人群」，便是其中一篇創作。

（一）

夕陽斜斜的掛在夏日的海灘，腳底的沙子已不如中午時那樣的燙。海邊，一名婦人傷心的哭著，人群在她身邊圍成一個圈，從人群的腳縫中，隱約的看見一個小孩的雙腳……。

（二）

「媽！我去玩了哦！」小孩大聲的說著。

「小心點！不要到太深的地方。知道嗎？」婦人緊張的答道。

眉批

△以海灘為背景，以海邊人群圍著一位溺水的小孩，而構畫出的小說，於是開始了。

△從婦人、小孩的對話，不難發現，故事為什麼會發生。

△何謂「藝高人膽大」，同時也暗藏了「樂極生悲」。

△人人稱羡的事情，不一定是絕對的好。

△寫出時下一般父母對子女的「得意忘形」。

小孩草率的應了一句：「知道了。囉哩叭嗦的，煩死了。」說完，便往海邊跑去。

小孩在海中玩得不亦樂乎，一會兒仰式，一會兒蛙式，像極了蛟龍在海中悠遊自在的樣子。

「爸，你看那小孩，游得多棒啊！眞希望我就是他。」我興奮的向爸說。

「算了吧！成功需要苦練，人家那像你，坐在這兒避暑，你如果像他一樣，天底下就沒有公理了。」哥在一旁潑冷水。

回頭看看那名婦人，眼裡流露出欣慰的眼神，彷彿海邊的一切，都是爲了他的兒子所做的……。

△回到現實——旁人急著救援；婦人傷心欲絕。

△「她似乎看穿了我們的心，當她看到我時，我冷不防地後退了一步。」……這給讀者很多的聯想：

——躺在沙灘上的，為什麼不是你？

——為什麼你不趕快幫忙？

——你在幸災樂禍！

——……

（三）

爸爸急忙的去尋求救援，我和哥跑到人群中去看個究竟。

「你們救救我的孩子，求求你們！救救我可憐的孩子！」婦人大聲的吶喊著。

她的眼淚撒滿了小孩的身體，淚水和海水混在一起，任誰也分不開。

「我的孩子啊！你醒醒啊！不要嚇媽媽啊！醒醒啊！」婦人猛烈的搖著小孩的身體，並不時抬頭注視人群，她似乎看穿了我們的心，當她看到我時，我冷不防地後退了一步。

「我們走吧！」我悄悄的向身旁的哥哥說。

△哀傷的氣氛不夠，因此末了老師略為加強幾句。

△再回憶起不幸所以發生的原因、經過，以及搶救的情形。作者寫來正如文中他自己寫的「簡潔有力」。（前段末句對話）

——原因：沒正面寫出，但一眼可以看出。

——經過：過程逼真，寫法傳神，像是

「什麼？」他沒聽清楚，聲音或許被婦人的嘶喊所掩蓋。

「我說：『我們走吧！』」我稍稍地加大了聲音。

「哦！」忽然有所領悟似的回答，我們靜靜的離開，靜靜的海水，似乎在嗚咽。

（四）

正午剛過，近三點，小孩仍然在海中玩耍，暖和的微風拂過我的臉龐，我感覺有點疲倦，便躺在沙灘上睡著了。

「救命！」令人心驚的聲音，由海的一端傳來，大家不約而同的朝向那裡。

「救命！救……咕嚕……命！快……來……咕……

親眼在海邊目睹。

——搶救：急如救火，緊張、危急、焦躁、像閃電似的搶救。

△最後又回到了現實，一股「無奈」的氣氛，襲擊著每個人的心坎。連說話也是有氣無力。

嚕……救救……。」小孩被旋（漩）渦困住了，救生員急忙採取救援行動。

「救……咕嚕咕嚕。」小孩的頭探出來了一點，隨即又被拉下去了，婦人在旁焦急的望著。

「讓開！讓開！」好幾個救生員推開我，往海邊衝去，噗通噗通！救生員跳下水，水花濺在婦人身上。……

……

（五）

「聯絡醫院了嗎？」在電話亭旁，我輕聲問爸爸。

「情況如何？」爸爸迫不及待的問。

「小孩身體浮腫，恐怕……」哥不忍說下去。

我望著夕陽，回頭一看——

△夕陽下：

——婦人依舊哭著。

——風由暖和，也變冷颼。

——人群，漸漸散了。

婦人依舊哭著，人群依舊站著[圍觀]，突然，冷風往我的背脊上撲來，我打了個寒顫。

「走吧！該回家了！」爸爸輕聲說道。

冷風依舊輕輕的吹，婦人依舊哭著，海邊的人群——[漸漸的]——散了……。

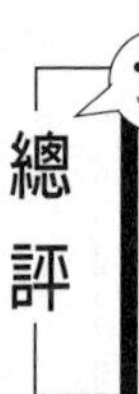

總評

△這種悲淒哀痛的場景，小小年紀的天祐寫來，卻是那麼冷靜平和，實在令人不得不佩服他的筆觸是如此細膩。

△本文最值得一提的是小說情節的呈現方式，和一般小說的寫法截然不同。它像

電影似的「跳躍剪接」技巧展現。讀者只要用心注意，便會發現它是「現在——回想——現在——回憶——最後又回到現實。」的情節安排，如果寫作功力不夠的人，是不敢嘗試的。

△爲了讓讀者更容易看懂這篇小說，特別依上面布局分五大段。

眉批

△直接用一句名言破題，真的強而有力。

△不但破題，而且很有見地的寫出只要人生有夢，必會努力不懈。

△接著寫出什麼是最想完成的夢，及怎樣築夢。

最想完成的一個夢

——當英文老師

張朝棟

【題話】

這是某一次的複習考作文題目。朝棟的寫作表現，雄偉圓融，特別改成範例，供大家參考。

「人類因爲有夢想而偉大」，不錯的，就是因爲每個人都有自己的夢想，才會一步一步努力地達到目標；也因爲這樣，才能夠計劃周詳，篤志力行，不達到理想絕不放棄，因而養成了努力不懈的好習慣。

　而我最想完成的一個夢，就是希望將來能當一位高中或大學的英文老師。所以爸媽都鼓勵我現在多閱讀英文的文章，聽每天的「大家說英語」；而我是要訓練自己的

△只「翻翻」、「看看」似乎交代不完整。

△計劃再好，但實踐的「定力」不夠，夢也枉然，藉爸媽的話激勵自己，很有效果。

△「中途」跟「一半」，詞兒相近。

△體悟出「夢想不是說說就能完成」，因此決心努力「充電」與高手競爭。

單字、文法能力，所以我有空的時候就會拿些英文書來翻一翻、看一看~~。~~，期望自己更接近夢想。

不過就算先前計劃得多麼好、多麼漂亮（連自己看了都還有一點心虛），但是有時候「定力」會不足，~~中途~~事情做到一半就無法繼續下去，所以每天都會被爸媽念：「你自己的事都做不好，以後怎麼達成你的『願望』？」

現在升上三年級了，玩的時間~~也更~~可以說是少之又少了，所以比較能夠靜下心來實行「夢想」，而且考試是一次接著一次，我已經漸漸體會到我的夢想不是空口說白話，隨便說一說就能完成，所以我必須在這國中最後一年內，把我的英文實力好好「充電」一下，上了高中，才

△「高」手比「好」手更能表達文意。

△由姊姊的苦讀，激發自己趁早逐夢，高中推甄如願，而免聯考，早一點圓夢。

△「無時無刻」是「沒有時刻」的意思。加上「離不開書本」，意思便反了。

能夠與各地好手互相競爭，也才能夠將我的夢想慢慢實現！

這幾年來看著姊姊為了準備高中、大學聯考，而讀書讀得那麼辛苦，我看了都覺得恐怖，從早到晚無時無刻離不開書本，所以我下定決心，一定要盡自己最大的努力，拋開一切「誘惑」，先辛苦幾個月，後來才不用忙著應付於聯考；到了理想的高中學府，就等於完成了我逐夢的第一步；在高中生活裡，抱持著同樣的讀書態度，夙夜匪懈，這樣一來，我相信我的這個「夢」，不再是遙不可及的天際了！

總評

△這一篇作文是有一次模擬考的作文試題，在大約四十分鐘的時限裡完成的作品。朝棟寫來，不但結構嚴謹，筆力雄健，而且見解圓融成熟，是篇佳構。

△全篇字體端正清晰，標點清楚適切。除了少部份的語詞須加潤飾外，找不到語病、錯別字，眞是字字珠璣。

美少女的夢

王淑貞

【題話】

這是復習考的試題——「最想完成的一個夢」。全篇用話劇呈現，很特別。

嗨！大家好。我是夢天使，我叫「夢拉拉」。我來自於一個天使之家，住在天堂。我呢——現在就要去一個大美女的家，她叫做——王淑貞。「咻——」

※ ※ ※

夢境中——

「嗨！淑貞美女妳好。我是夢天使，妳叫我夢拉拉吧。」

眉批

△用一小段介紹夢中人物，生動有技巧。

△特殊名稱、狀聲時，可加引號（「」）。

△內容分夢境中和現實中。因本文是談夢，故以前者為主。

△夢天使與淑貞的「夢」話，寫來自然、富聯

想力。

△夢中有真假，可要用智慧判斷。

△勸人無貪心，有勸誡作用。

「拉拉，妳、妳說妳是夢天使，那這樣我是在做夢囉？」我一臉哭笑不得的樣子。

「對呀！不過妳現在做的夢，和以前所做的夢，可不一樣。」拉拉笑著說。

「那裡不一樣，還不都是夢？」

「當然不一樣。因爲只要是夢境中有我，你（妳）們在現實中就可實現夢想喔！」拉拉一臉神氣的說。

「眞的嗎？那妳現在出現在我的夢境中，那就是說，我可以許一個願囉？」我一臉不信。

「當然是眞的。但是——妳不可以說還要三個夢想喔！」拉拉的表情非常的認眞。

△「夢」話說了這麼多，才出現主題，前面題外話嫌多了些，不如留下篇幅，交代出為什麼想當警察？警察對人的貢獻等。

△天使雖想幫助，但還是強調先自助，然後才能天助。

「你想我是那種人嗎？」我一臉笑臉說著。

「俗話說：『人不可貌象』你沒聽說過嗎？」

「當然有囉！回到主題，我可以許願了嗎？」我一臉的期待。

「可以啊！妳許吧！你有什麼願望？」

「在我的未來中，我想要當一名警察，可以嗎？」一臉的期待與害怕。

「嗯——嗯——可以。」

「吔——太好了！我可以當一名警察了。」

「等等先別高興，如果妳要達成妳的願望，還得要妳自我的努力呢！」拉拉一臉認眞。

「會的、會的，我一定會用功的……」意識愈來愈清醒，眼皮愈來愈開了，……。

現實中——

「拉拉，我一定會用功的。」我堅定的說。

總評

△一個很嚴肅的作文試題，用輕鬆幽默的對話，寫出最想完成的夢，實在有夠創意。

△流暢的對話，是寫小說、編劇本的基礎。本篇夢境發展像極了小劇本。

△作文考試時，不是每一種題材都可以用此對話方式來寫作，所以要特別斟酌，此種寫作方式最忌膚淺，故要注意多深入。

小狗狗的傾訴

（新詩改寫）

李悅娉

【題話】

新詩改寫成「白話散文」，是個很新型，且往後會很流行的作文考法。同學們務必要學會這種招術。

原詩的題目是「矮屋」，根據詩中情感，要結合個人經驗和想像，加以推衍或深化，這是需要一點技巧和深思，才能寫得淋漓盡致。

說明：一、先針對詩的內容，試擬詩的題目（未擬題目者扣五分）

二、根據原詩情感，結合個人經驗或想像，加以推衍或深化，寫成一段白話散文，以二百至三百字爲限。

甚至於伸個懶腰，打個呵欠，
都要危及四壁與天花板！
匐伏（註一）在這低矮如雞塒（註二）的小屋裡，
我的委屈著實大了：
因爲我老是夢見直立起來，
如一參天古木。

作者：紀弦（選自《中國新詩賞析》）

註一：匐伏，人伏地而行。

註二：雞塒，雞窩。

眉批

△第一、二句之間，兩者互不關連，所以要分段隔離。

△「矮屋」的拘束，用「狗屋」替代，很傳神。

△因「屋小」，而常夢「立大功」，這是心理學上的「補償作用」。

△末段很清楚的「影射」出本詩主旨——人窮志不窮。

你怎麼能放我在這狹小的天地裡，平常你要我看門，又要我捉小動物，雖給我吃得好，但卻沒有好的房子住，要我像蝸牛一樣地在裡頭爬行，你怎能捨得我受委屈。老是在夜闌人靜的夜晚想離家出走，老是在淒涼的三更作夢，作個美好的夢，並在夢中立個成大功的願望。誰說我們狗狗不能成大事，又誰說我們狗狗不能打出一片天。將來有一天，我們將會證明給人類看，證明給曾經欺負過我們的人類看，讓他們了解被遺忘的感受，請相信我們吧！

（批改：好過份！？（分段）　我　半夜　那　（分段）　？）

總評

△藉由原詩的情感，憑著豐富的想像，推衍出「小狗狗」想打出一片天。夠炫！

擁有一顆~~正確~~年輕的心（情境作文）

李悅娉

【題話】

用一則小故事作為「情境」，讓同學閱讀過後，憑著自己的想像，談一談故事主人翁的說法、態度、心理現象等，自選個角度，定個題目，以自個的生活經驗展開三百字以上的議論。這種作文試題，很能考出同學的語文能力。

林老太太已經七十歲，兒女成群，子孫滿堂。她還到外面學做鳳梨酥，帶回來給他們吃，兒孫們都說：「何必這麼辛苦，去餅店買現成就好了。」林老太太說：「自己做的鳳梨酥不油膩，糖也放得不多，吃了對身體比較健康。」

過些時日，林老太太把大多數老人家視爲難題的電腦也學得精通。從此，每天藉著電腦網路瀏覽世界各地的資訊，這樣的生活方式，讓林老太太的身心都變年輕了。

根據以上的情境，加以想像，就林老太太的說法、態度、心理，自擬題目，自選角度，聯繫實際生活，展開議論，文長不得少於三百字。（未擬題目者扣五分）

眉批

△可先簡略撿出情境中的事實——吃油膩糕餅，對健康的影響，是很好的議論材料。

△文明病的論點，富警惕作用。

△另一個事實——老人問題。除做好安養措施外，最大的因素是老人自身的心理，只要時時保持年輕的心，則老人生活一定快樂。寫來很有見地。

在現在的社會中，已非常方便，吃個糕餅，態算難事，但在方便之後，大家有沒有想過自己的健康，現在生活物質已太充裕，天天大吃大喝，我們這原本適應荒野的身體，怎麼會受得了，各種文明病充斥在周圍，文明病已成了現代人死亡的主因了，你是否也不顧安危的享受，想想自己的身體吧！

近年來，人口老化的現象明顯，雖然政府民間建有很多老人院，供老人家休養，但最重要的還是老人家們的心態，老人們要知道，即使外表衰老了，看似無用了，但實際上，老人們的心也可變得很年輕，也可和青年人打成一片，就連現代最流行的電腦，一樣可以精通，一樣可以享受各種資訊的洗禮，。（分段）總之，不論什麼事，不論是好是壞，只要擁有一顆正確（年輕）的心，就能體驗生活的情趣。

△老人要體驗生活情趣，主要是心態年輕，而不是正確與否。所以題目要改。

眉批

△每個十二歲大的小孩，剛進入國中，幾乎都有此感受，因此很有真實感，好像每個人的心頭話。

△「穩定」不合前後文的意思，改為「有勇氣」似乎較貼切些，你的意下如何？

△國中課程比小學艱難辛苦，比喻成「威力加強版」，很有意思。

國中生活的回憶

蔡緯屏

【題話】

初入國中的第一篇作文「我是國中生了」，三年後要畢業了，當然也該來篇「國中生活的回憶」。

在不久的兩年多前，我像個小毛頭糊裡糊塗地進了國中，當第一腳踏入這個班級，全部都是生面孔，使我內心慢慢地產生些許的孤獨與恐懼，幸好有一位國小認識的同學——謝松岳，使我能在班上更穩定地的站立在一個陌生的環境。

國中琳瑯滿目的課程中，有些讀起來很順手，有些卻像是爬高山般的艱難，眞可說是國小的「威力加強版」。

△和同學談天「活之類」三個字太突兀，令人有「丈二金剛，摸不著頭腦」的感覺。
△前面有一位認識的「謝松岳」，這兒又有「第一個認識的黃豐原」，前後不是矛盾了嗎？把後者改為「好朋友」，就沒這個缺憾了。
△選班長和「良心發現」似乎是兩碼子事，倒是和「人緣」有莫大的關係。
△同學之間用「制裁」兩字，太霸道了。
△管不聽，「放縱」他們，還能一連當了四屆班長，太不可思議，也不近情理。所

所以只好天天埋首在群〔堆〕書之中，很少有和其他同學談天、活之類〔說地的時間〕，以致人際關係亮起了紅燈。等到各方面漸漸上了軌道之後，這種不好的現象才初見轉機，〔。〕記得第一個認識的〔好朋友〕就是黃市長（黃豐原），剛好他家又有電腦，成天就和他討論遊戲、硬體等雜七雜八的東西〔事情〕，現在想起，還覺得獲益良多呢。〔！〕

記得在二上的時候，不知道是大家良心發現〔我的人緣超強，〕還是另有他〔其原〕因，竟然讓我當上了班長，我當時心裡有這麼一個念頭：我的春天來了，〔。〕就這樣讓我「駭」了好幾天。但〔後來〕總覺得自己不能勝任這項職務，對有些不守秩序的同學〔，〕不但不能有效地制裁〔規勸、止〕，反而故〔容忍、放〕縱他們，〔在大家皆大歡喜之下，〕就這樣一連當了

以老師加了一句，使它「合理化」一些！

△用字遣詞不夠用心。例如：

「受夠」→「夠受」。

「打到」我家→「還衝到」。

「噱」是「大笑」→「訓」。

「重此以後」→「從此以後」。

……

這些都是不該錯而錯的。寫完作文也沒用心修飾。

△「重新再來過」，這是回憶類作文的好念頭。

△「點滴」太小氣，也不能壓住陣腳，所以不妨改成「世界」。

四屆的班長，當得愈來愈心虛。

有好的回憶，壞的回憶也是少不了的，其中以「整黃豐原」事件鬧得最大，到最後被老師約談已經很夠受了，某天早上，他媽打到我家狠狠地把我噱了一頓，重此以後，總是畏懼他三分和無限歉意。

在國中這兩年多來，其中各種酸甜苦辣可說一言難盡，愈回想愈有味，要是能夠重頭再來過，我將會更珍惜這一段時光，充實內心的生活點滴。

總評

△三年國中生活中，發生過的事情多如天

上的繁星，要一一寫出，實在不可能，當然要記些印象最深刻、最值得大書特書的事情，緯屏很能把握這個訣竅，所以可讀性便提高了。

△在讀此篇作文之後，心細的讀者，也許會發現：作者對於句號（。）的使用，不夠精確，這是要加強改善的地方。

眉批

△作文時，遣詞用句要力求完美。根據這個原則，看過老師的刪改、添加的字詞後，該可略知其用心？是不是更完美些？

△寫作文時，往往自以為「想當然」的事，所以簡而化之，不詳細交代。可是讀者看來，卻是一頭「霧

我的升學路

李悅嫥

【題話】

國中三年級的學業完成後，「升學」幾乎是人人必走的一條路，也是人生第一次的大挑戰。藉由這道題目，老師可以更瞭解自己學生的升學意願。

從小，父母就已幫我定好了未來，和別的父母一樣，就是希望我能完成國小、國中〔的學業〕後，能繼續上高中，上〔升〕大學，甚至〔進〕研究所〔深造〕。而我也正一步一步地邁向著〔這〕遙遠〔、美好〕的未來。

初進國小，是任誰也不會感覺到壓力的，當然我也不例外。但，到了國小六年級時，因要讀的國中有入學〔資優班〕考試。因此補習班老師特別開辦小班教學，〔加強〕訓練我們，

水」。例如，怎麼會忽然跑出「國中入學考試」、那來的「分數打擊」等，都交代不清。經老師加上一、二句以後，是否更「清楚」、「明白」？

△這段的標點符號改得特別多。為什麼要如此改，妳能體會得出嗎？

△此段文句初讀起來，似乎平順流暢。可是仔細分析後，不難發現有因果顛倒，文意不詳，語病出現的地方，因此，老師分別修正之，盼多揣摩學習。

△「始終如一」和「迂

但分數的打擊，給了我很大的挫折，父母的關心卻無形中增加了我的壓力，有時候甚至在夜晚時，用眼淚發洩我堆積已久的煩悶，直到考完了試，拿到不錯的成績後，才有一種「夢想已經實現，陽光已經看見」的感覺。

本以為過了這一關，就成功了，萬萬沒想到，崎嶇的國中路，卻使我走得更艱難，更痛苦，曾使我不知所措，曾使我茫然。分數由八十多分爬到了九十多分，名次由五、六名跳到第一名，這一路走來，雖不是始終如卅，卻是迂迴曲折。

如今，漫長的三年過了，排山倒海的壓力又再度降

[Handwritten corrections: 其間因為；也；，；。；頓時；自以為平坦；是那麼崎嶇，；好長一段路，；徬徨；後來，經我的堅持、執著，；才；。；當然；平坦、順暢；；；確實]

迴曲折」，是屬不同性質的成語，不可並列。

△強調升學壓力，用「排山倒海」令人印象深刻。

△從妳堅強的意志，老師也相信妳必然如願以償，預祝成功。

△「轉捩點」是轉變的關鍵點，屬短暫的；而「升學路」是長期要走的。所以用「戰場上」較妥切。

△把「信心」、「決心」當成食糧，就不宜使用「輔佐」。

臨，而我所面對的是人生的一大轉溓（捩）點——進入理想的高中。同樣的（升學）情況再度重演，但不同的是：有了前面的經驗，使我更謹慎，更小心。雖有時候仍感到害怕，但（堅定）堅強的意志，老師的肯定，使我更有信心走下去。我相信：我將（必）會成功。

雖然前徒（途）茫茫，未來的夢想也似乎遙不可及，但信心和決心將是這一路（上）永遠的食糧，在我未來的升學轉搛（戰場上），（激勵）點，供給我，輔佐我，幫我渡過任（何）一條湍急的河流，跨越到那成功的彼岸。

總評

△人生第一次即將面對高中聯考，就有這麼深刻的體會，實在難能可貴。而且字裡行間充滿了奮鬥上進的積極心，很令人欽佩。

△整體布局內容陳述皆屬上乘，只是文句的修飾、標點的使用，尚要多加認眞。

眉批

△由日期帶入，並用譬喻法抒懷，使人眼睛一亮。

△因為是破天荒第一次，就引起這麼多的聯想，令人刮目相看，亦覺得滿幽默的。

參加全國基本學力測驗有感

陳毓屏

【題話】

全國第一屆第一次國三生基本學力測驗，在民國九十年三月底正式舉行。為了想留下歷史記錄，特地集合了一群對基測較有心得的同學，以「參加全國基本學力測驗」為題，來現身說法，並抒發個人的心得和感受。

日子一天天的過，三月三十一日、四月一日這兩天終於到來。而我的心情就像那黃河的濤濤（滔滔）大水一般，五味雜陳，起伏不定。的確，就猶如大家所說的：我們如同一群白老鼠，任人宰割。但比起黃花崗七十二烈士的犧牲，我們又算（得了）什麼呢？活了十四年，這還是頭一次替別人犧牲呢！以樂觀的角度來看，這何嘗不是個難得的經驗。平時我們做事或讀書學習時，不都是要求做到最

△對試題的評論很有獨到的見解。

△「測驗後」的事，和前面截然不同，故要分段。

△這一部份的論點較深奧，所以寫來有些辭不達意。

好，求得第一的榮譽嗎？這次可是全國「第一」次聯合招考高中生呢！可說是二十一世紀的大事咧！這次的測驗，雖說簡單，但其實試題內暗藏玄機，看得出來是精心策劃，準備出來的。但唯一美中不足的是，在測試前的政策游移不定，讓人搞不懂頭緒。令人覺得，教改做得太匆促，有一些那麼草草了事（的感覺）。（分段）測驗後，許多人又爲了所謂的「百分比Pr值」（作爲）而爭得面紅耳赤，有些（人）責怪爲何不公佈組距，以便利申請學校時的（依據）抉擇，以免造成遺珠之憾（，）或太高估自己（，）以致申請時錯失了學校。但也有些（人）又以爲（爲）了不使學生產生挫折感（，並）和廢除明星學校（光環），不公佈組距（是對的）。看來這事又有得爭了。

△前半是批判，後半卻是讚賞，中間用「然而」轉折，不如用「還好」效果來得好。

△此段的諸多遭遇，不切合「遇強則強」，反而用「屋漏偏逢連夜雨」來得貼切些。

再來就是計分方式。直到現在，還是有許多人搞不清楚學力測試的評分標準（在那裡），使得懷疑基測是否公平的噓聲四起。究竟是怎麼一回事，（只得請）惟專家說明了！然而（還好），題型的變化是值得令人讚許的，有別於坊間的一些鑽牛角尖的參考書，卻能測出考生的眞正實力，確實不同凡響！

由這（以舉辦二）次測驗的辦法看來，讓考生增加一次「敗部復活」的機會，實在深得人心。但是考生心情往往隨著周邊環境而浮動著。所謂「遇強則強（屋漏偏逢連夜雨）」，失敗的心情已經很痛苦了，又遇上想好好專心奮鬥時，周邊一些已經有學校可讀的同學卻在吵翻天，這該如何是好呢？而老師

△一連三個詰問，中肯，有力，很能喚醒教育當局重視及檢討。

教授新課程時，考上的學生沒心情聽課，還要繼續考第二階段的考（學）生也不想上課，這該怎麼辦？這些很有可能（已經）出現的狀況要如何解決，還值得深思熟慮。對所謂的「教改」有很大的衝擊。

究竟（綜觀）這次看似徹底顛覆以往聯考的制度，是不是眞正對學生有益？要在短時間內廢除舊教育制度，提倡教改，可否行得通？它實是「明治維新」第二？還是「百日維新」一樣三分鐘熱度？只希望其結果能讓所有人正視「教育」！提出一套眞正對國家幼苗有益處的措施。這將影響著我們後代子孫以後會走向怎麼樣的路！

總評

△全篇內容幾乎是考後的感想，因此題目最後加「有感」較切合。

△小小年紀就能對重大的教育政策，提出如此精闢的分析和檢討，實在難能可貴。

另類的新詩創意批改（代再版後記）

——如何把突兀的「童話」改寫成有趣的「童話詩」？

童話詩習作：某高中老師

批改老師：林瑞景

九十一年十月十六日，我應邀到台中的台灣省中等教師研習會，和來自全省七十九所國立高中的國文老師，切磋「新詩創作教寫及其理論」。因爲大多數與會的老師，對新詩教寫都很生疏，因此我先從簡易而逗趣的「童話詩」，作爲教寫的「開胃菜」，結果老師們的童心大發，詩作豐碩。繳來的作品中，有一張未署名，內有四則尚未成詩的「童話」。

課間休息時，有幾位老師跑來問我：指導新詩習作時，學生如果遇到「瓶頸」；繳來作品若未完成，或欠缺詩味時，當老師的該如何處理？當時，我的回答是：多作行間巡視輔導，適時提供意見、點子，必要時可幫忙「接龍」。課後批改時，則可加上幾句，使作品更完美；或加以修飾、增刪，使詩作更富有詩味。

現在，我就利用這份未署名的「童話」，批改寫成「童話詩」。

小芥菜

弟弟：「哥，什麼叫『小芥菜』？」

哥哥：「就是來不及長大的芥菜啊！」

弟弟：「那媽媽常叫我小倫倫，也是來不及長大咯！」

哥哥：「本來就是嘛！」

評析：原作的前面二句，是日常生活對話，不算是詩。加上了第三句，便帶出了聯想；再加上第四句哥哥的調侃語氣，便產生了童趣的詩味。

在哥哥的心目中，弟弟永遠是長不大的小孩，常常覺得很煩。所以言談之間，便有許多的想像空間，而成就了詩的意境。

遊樂場門口

「媽咪，爲什麼蝴蝶不用買票就可以進去？」

「因爲牠會飛呀！」

「我不會飛，爲什麼也不用買票？」

「媽媽抱你飛——呀！飛進去了。」

評析：只有孩子一句問話的原作，再怎麼看、怎麼想，都不像詩。它只不過是詩的「點子」、「引信」而已，所以有了這個「引信」，就可以點燃出一道詩的火花，再由這道火花，引爆出一首溫馨、有趣的「童話詩」。

中秋節

「媽，我要帶傘。」

「晚上帶傘做什麼？」

「月亮好大、

好圓、

好亮、

怕

我被曬黑了！」

評析：原作前三句形容月亮的大、圓、亮，成就了第四句的「被曬黑」的有趣聯想。這模擬是兒童內心自個兒的獨白，是童話。因爲欠缺童言童語的對話，嚴格說來不算是童「話」詩。因此，前面必須加上二行「前提句」，再把原作四行併作一行，成了三行的童話詩。至於最末句加「怕」字的原因，是因爲從未有被「月亮」曬黑的「事實」，那只是孩子天眞無邪的「聯想」而已，也因爲這種聯想，才愈顯出童話詩獨特的童趣。

馬戲團的猴子

斌斌在電視上看到馬戲團中的猴子。

「媽媽！爲什麼明明是猴子，看起來卻『人模人樣』呢？」

「因爲牠喜歡當人啊！」

「當人有什麼好？」

「當人可以玩好玩的電腦啊！」

「……」

評析：當學生交來只有題目和突兀的一句話，沒頭沒尾的作品時，老師通常會指導幾句後，退回重寫。如果硬要拿來加以批改，那將是極艱鉅的批改工程。

像本首詩，孩子突然的一句「問話」之前，要先作背景的簡單介紹；問話之後，要補上一系列完整、突出的對話。在對話中，要有象徵性、聯想性的詩味，才是上乘的批改。

馬戲團裡的猴子，爲什麼要裝得「人模人樣」？無非是喜歡當人，這是很自然的聯想。那當人又有什麼好處呢？這學問可大了，這必須思索：「人」類異於「猴」類的是什麼？最具代表性的又是什麼？而且只能擇其一，否則沒完沒了。思索再三，目前大概非「電腦」莫屬了。像這類詩，不但有文學性，而且也有知識性和科學性。至於詩末的「……。」的作用，是給孩子、讀者有無限的想像空間，同時營造出「餘音繞樑」的童話詩意境。

建議：以上四首批改成童話詩後，教師可拿來當作新詩的「續寫作文」或「擴寫作文」的題材；也可以作爲下次新詩教學，或班上同學的習作教材，使辛苦批改的價值，能發揮到極致。

（原刊登於明道文藝三二五期，九十二年四月出刊）

國家圖書館出版品預行編目資料

創意作文批改範例 ／林瑞景著. -- 再版 --
臺北市：萬卷樓，2004[民 93]
面；　　公分
ISBN 957－739－492－2 (平裝)
1.中國語言－作文－教學法　2.中等教育－教學法　3.寫作法

524.313　　　　　　93011739

創意作文批改範例

著　　者：林瑞景
發 行 人：許素真
出 版 者：萬卷樓圖書股份有限公司
臺北市羅斯福路二段 41 號 6 樓之 3
電話(02)23216565・23952992
傳真(02)23944113
劃撥帳號 15624015
出版登記證：新聞局局版臺業字第 5655 號
網　　址：http://www.wanjuan.com.tw
E－mail　：wanjuan@tpts5.seed.net.tw
承印廠商：晟齊實業有限公司
定　　價：400 元
出版日期：2000 年 6 月初版
2004 年 7 月再版
2006 年 8 月再版二刷

ISBN 957－739－492－2